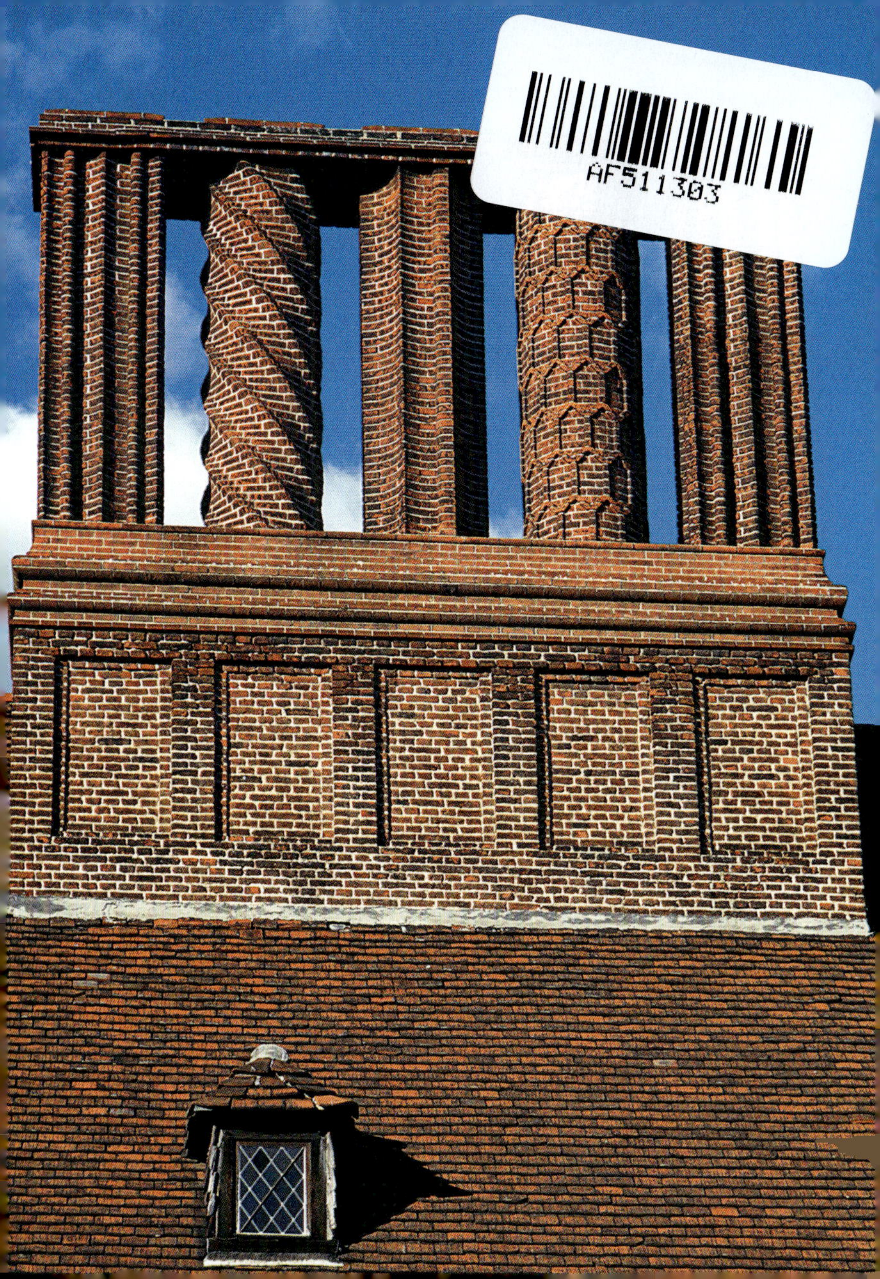

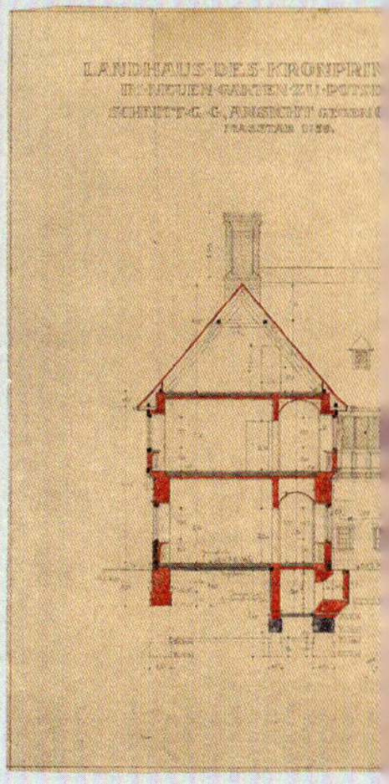

L'histoire du château de Cecilienhof a débuté en 1905, année des noces du kronprinz Guillaume, héritier du trône de Prusse, et de la duchesse Cécile de Mecklembourg-Schwerin. Dans les premiers temps de leur mariage, les époux princiers passèrent l'été au Palais de Marbre, édifice bâti au bord de l'Heiliger See entre 1787 et 1790 sur des plans de Carl von Gontard, où avait résidé Frédéric-Guillaume II, le successeur de Frédéric le Grand. Mais l'édifice était classé monument historique et ne se prêtait pas à l'installation de sanitaires modernes, de sorte que la décision de construire un nouveau château à l'usage du jeune couple s'imposa rapidement. L'autre solution aurait été d'agrandir et moderniser le château de Babelsberg, mais le coût des travaux aurait été trop élevé, de sorte que l'empereur Guillaume II ordonna le 19 décembre 1912 le déblocage des fonds nécessaires à la construction d'un nouveau palais. La première pierre en fut posée par le kronprinz le 6 mai suivant, jour de son trente-et-unième anniversaire.

Le 13 avril 1914, c'est-à-dire peu avant le début de la Première Guerre mondiale, le ministère de la Maison royale de Prusse passa un contrat avec les Ateliers de Saaleck portant sur la construction, pour la somme de 1 498 000 reichsmarks, d'un ensemble de bâtiments devant être terminés le 1er octobre 1915. La conception des plans et la direction du chantier furent confiées à Paul Schultze-Naumburg, architecte qui avait fondé les Ateliers de Saaleck en 1904 et entrepris en 1912, en compagnie du comte Friedrich Alexander von Bismarck-Bohlen, maréchal de la Cour, un voyage d'étude en Angleterre et en Écosse.

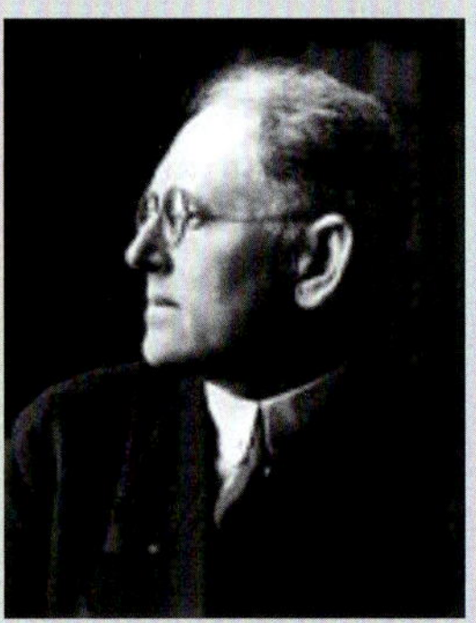

Paul Schultze-Naumburg (1869–1949)

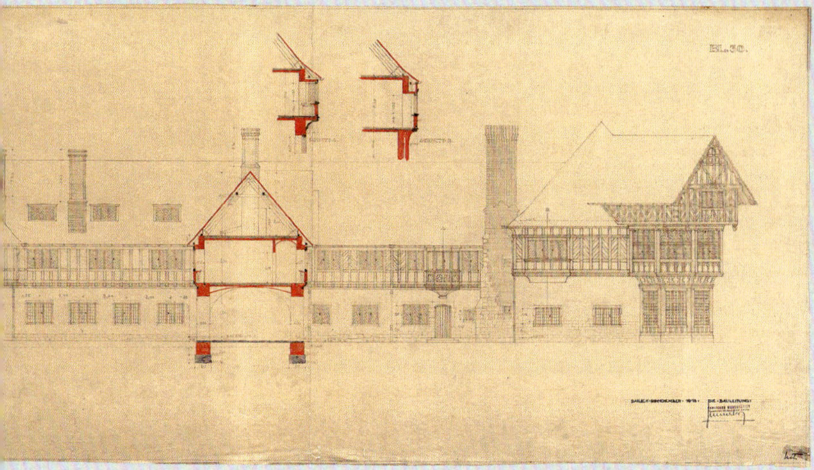

Élévation de la façade est, Ateliers de Saaleck, 1913

Le choix d'une architecture de style Tudor fut probablement motivé par le goût du kronprinz pour le mode de vie et les bâtiments traditionnels britanniques qu'il avait découverts lors d'un voyage effectué en Angleterre en 1911. Cecilienhof n'est toutefois pas la réplique d'un quelconque château, Schultze-Naumburg s'étant contenté d'emprunter divers éléments de façade typiques de l'architecture britannique tels que les pignons, les cheminées décoratives, les revêtements de façade à gros grains et les colombages associant le bois et la brique.

Le château de Cecilienhof est équipé du chauffage central, de sorte qu'il peut être habité tout au long de l'année. Il compte près de 150 pièces groupées autour de cinq cours intérieures, dont de nombreuses salles de bain et chambres de domestiques. Les travaux, interrompus à la déclaration de guerre, reprirent au printemps 1915 et portèrent alors sur les aménagements intérieurs, la décoration des pièces de prestige étant confiée à de grands artistes et architectes tels que Joseph Wackerle et Paul Ludwig Troost.

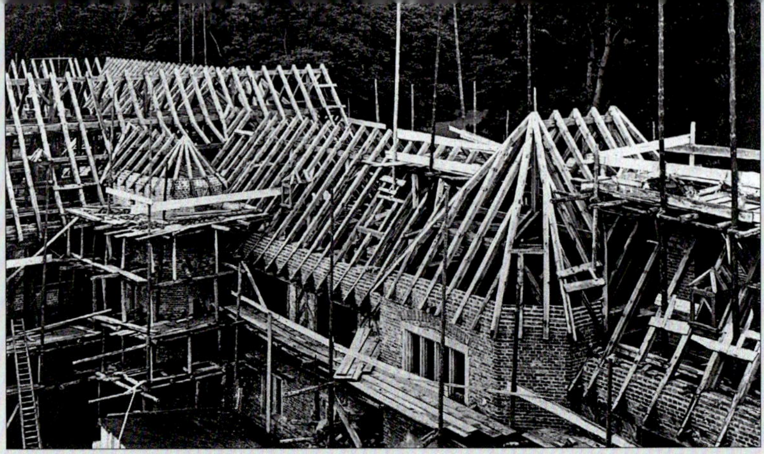

Construction de la charpente, 1914

La princesse Cécile emménagea le 14 août 1917 car elle souhaitait y mettre au monde son sixième enfant. Les travaux, qui n'étaient pas encore terminés, continuèrent jusqu'à leur interruption provoquée par la chute de la monarchie le 9 novembre 1918 et la révolution qui s'ensuivit. Cecilienhof, qui est ainsi le dernier des châteaux construits sous le règne des Hohenzollern, constitue un brillant point final pour l'ensemble de palais érigés par les souverains prussiens à Berlin et Potsdam entre le XVIIe et le XXe siècle.

La princesse Cécile resta au château avec ses enfants jusqu'au 26 novembre 1920, date de son départ pour Oels, près de Breslau en Silésie. Ses deux fils aînés, les princes Guillaume et Louis-Ferdinand, restèrent pour leur part à Potsdam afin de ne pas rendre caduc leur droit de résidence à Cecilienhof. Le kronprinz, quant à lui, s'était exilé en Hollande, pays neutre, dès le 13 novembre 1918 et y avait été

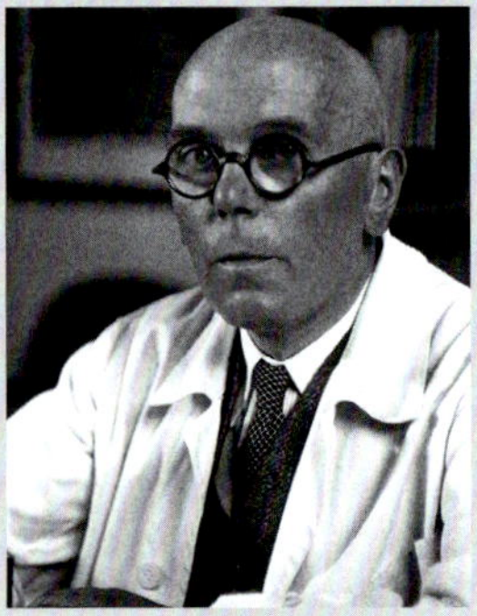

Paul Ludwig Troost (1878–1934)

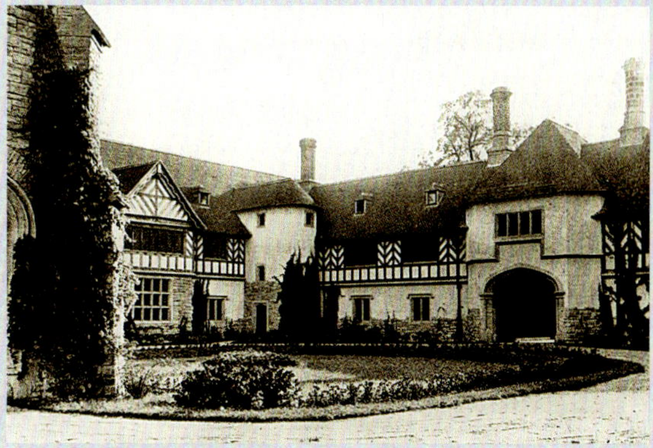

Cour d'honneur du château, vers 1920

assigné à résidence dans l'île de Wieringen. Il devait y rester jusqu'en 1923, n'étant autorisé à recevoir la visite de son épouse qu'à de rares occasions mais établissant rapidement des relations cordiales avec la population locale.

Après une rencontre avec l'homme politique Gustav Stresemann à l'automne 1921, le kronprinz exprima le souhait de rentrer en Allemagne en tant que simple citoyen. La permission lui en fut accordée après que Stresemann eut été nommé chancelier du Reich le 13 août 1923, à la condition toutefois qu'il s'abstînt de toute activité politique. Le kronprinz quitta finalement les Pays-Bas le 9 novembre suivant et se rendit tout d'abord à Oslo, où il put passer Noël en depuis cinq ans.

Peu de temps après, le couple princier décida de retourner à Potsdam. Bien que la « loi sur la répartition de patrimoine entre l'État prussien et les membres de l'ancienne maison régnante de Prusse » publiée le 29 octobre 1926 stipulât que tous les châteaux royaux et princiers devaient être nationalisés, le kronprinz fut autorisé à résider à Cecilienhof, ce droit devant toutefois expirer après trois générations. Le 20 juin de la même année, l'échec d'un référen-

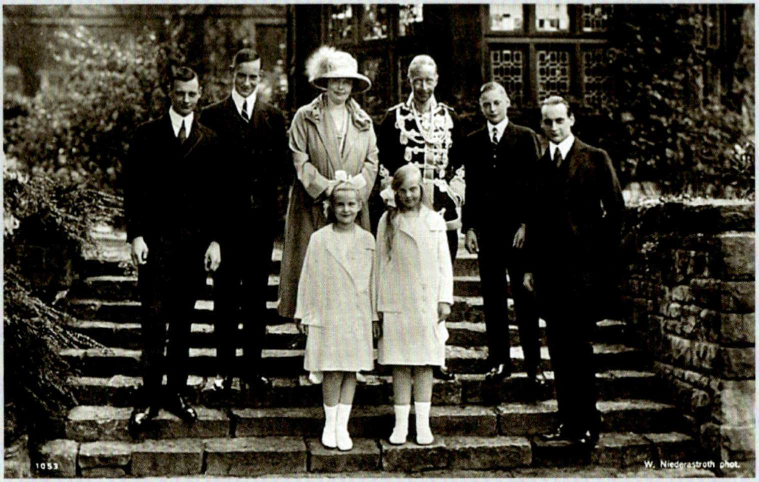

Le kronprinz entouré de sa famille, 1927

dum sur l'expropriation sans dédommagement des princes allemands avait conduit au rétablissement de la situation financière des Hohenzollern, qui purent ainsi reprendre un train de vie digne de leur rang.

Cecilienhof accueillit dès lors la haute société de Berlin et Potsdam ainsi que de nombreux artistes et hommes politiques. On citera seulement parmi les hôtes du couple princier les acteurs Max Reinhard et Otto Gebühr, la pianiste Elly Ney, les chefs d'orchestre Wilhelm Furtwängler et Herbert von Karajan, auxquels se joignaient des diplomates de divers pays ainsi que des officiers supérieurs et de grands industriels.

Le kronprinz voulut voir dans la prise du pouvoir par les nazis une chance à saisir pour un retour en politique, de sorte qu'il reçut Adolf Hitler une première fois à Cecilienhof dès 1926, puis divers personnages importants du IIIe Reich tels que Hermann Göring, Joseph Goebbels et Joachim von Ribbentrop. Sa sympathie pour les idéologies totalitaires le conduisit aussi à recevoir Benito Mussolini. Et en 1932, après que son père, l'ancien kaiser Guillaume II vivant en exil, se fut opposé à sa candidature au poste de président du Reich face au maréchal von Hindenburg, il soutint publiquement Hitler qui visait le poste de chancelier.

Le 21 mars 1933, lors de la célèbre « Journée de Potsdam », le kronprinz participa à la cérémonie de prise de fonction des nouveaux députés du Reichstag organisée dans la Garnisonskirche, prenant alors place derrière le fauteuil du kaiser resté vide. Hitler, le nouveau chancelier du Reich, fut reçu le soir même à Cecilienhof pour la seconde fois. La rupture entre les deux hommes fut toutefois consommée deux ans plus tard, lors de la troisième et dernière visite de Hitler au château, celui-ci rejetant catégoriquement la demande de rétablissement de la monarchie formulée par le kronprinz.

C'est ainsi qu'à partir de 1935, après avoir compris que ses espoirs de restauration étaient vains et qu'il ne pourrait jamais plus jouer un rôle sur la scène politique, le kronprinz s'éloigna progressivement des nazis. Il n'en rejoignit pas pour autant les généraux de la Wehrmacht qui tentèrent d'organiser la résistance, ne participa aucunement à l'attentat perpétré contre Hitler le 20 juin 1944, et déconseilla au prince Louis-Ferdinand, son fils puîné, de nouer des contacts avec les conjurés. Ce qui n'empêcha pas la Gestapo de soupçonner que les Hohenzollern avaient participé à la conjuration et de placer le kronprinz et Cecilienhof sous surveillance.

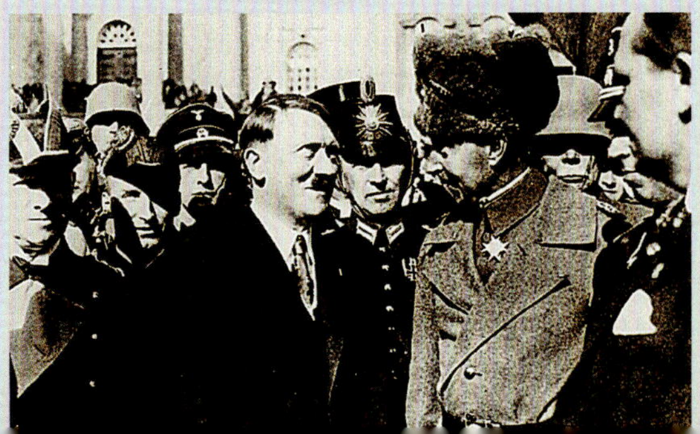

Le kronprinz et Hitler devant la Garnisonskirche lors de la « Journée de Potsdam », 21 mars 1933

La princesse Cécile, pour sa part, fut active dans différents organismes caritatifs et assuma notamment le patronage de la Ligue de la Reine-Louise (*Bund Königin Luise*). Ces organismes étant toutefois dissous les uns après les autres par les nazis, la princesse n'eut plus de fonctions officielles et n'apparut plus en public que lors d'événements impliquant la famille princière, tels que le mariage de son fils Louis-Ferdinand de Hohenzollern avec la princesse Kira Kirillovna, la fille cadette du grand-duc Cyrille Vladimirovitch, chef de la maison impériale de Russie, qui fut célébré le 2 mai 1938 au château de Cecilienhof. Le fils aîné du kronprinz et de la princesse Cécile, le prince Guillaume, mourut deux ans plus tard, le 26 mai 1940, trois jours après avoir été grièvement blessé sur le front en France.

Le 16 janvier 1945, le kronprinz, qui souffrait du foie et de la vésicule, partit faire une cure à Oberstdorf, en Bavière, et fut arrêté à Baad, en Autriche, par les troupes françaises à la fin de la guerre. Après sa libération, il s'installa à Hechingen, dans le Bade-Wurtemberg, au pied du château de Hohenzollern construit par ses ancêtres, où il mourut le 20 juillet 1950. La princesse Cécile, pour sa part, quitta Potsdam le 1er février 1945 et séjourna tout d'abord à la villa Fürstenhof de Bad Kissingen, en Bavière. Elle y resta jusqu'en 1952, date à laquelle elle s'installa à Stuttgart. Elle mourut le 6 mai 1954, jour de l'anniversaire de son défunt mari, lors d'une visite à Bad Kissingen. Le kronprinz et son épouse s'étaient séparés à la fin de la guerre après avoir vécu chacun de leur côté depuis plusieurs années déjà. Ils s'étaient rencontrés pour la dernière fois à Hechingen le 21 juin 1949 à l'occasion du mariage de leur fille cadette, la princesse Cécile, et de l'architecte d'intérieur américain Clyde K. Harris.

Le troisième fils du couple princier, le prince Hubert de Prusse, mourut d'une crise d'appendicite le 8 avril

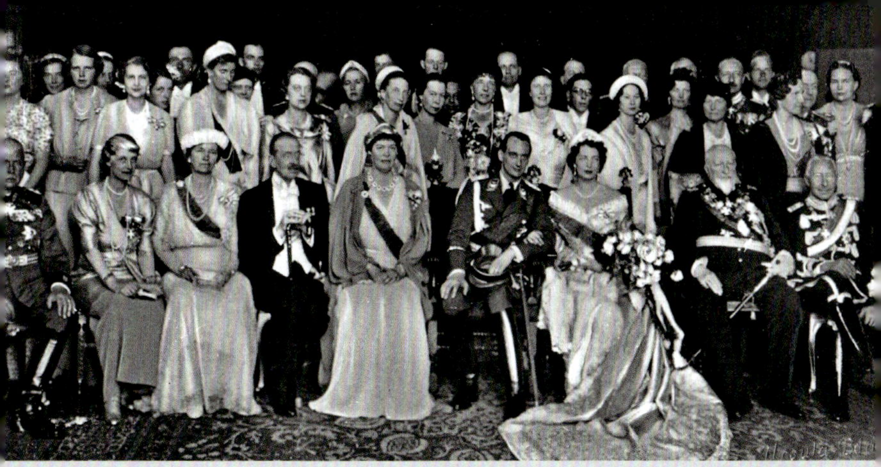

Mariage du prince Louis-Ferdinand de Prusse et de la princesse Kira de Russie, 2 mai 1938

1950 à Windhoek, dans l'actuelle Namibie. Son frère cadet, le prince Frédéric, avait émigré en Angleterre dès 1937 et y avait épousé Lady Brigid Guinness, fille du célèbre brasseur de Dublin. Quant à la fille cadette du kronprinz et de son épouse, la princesse Alexandrine, atteinte du syndrome de Down, elle resta dans sa famille jusqu'en 1936, date à laquelle elle fut installée près du lac de Starnberg, en Bavière.

Le 12 avril 1945, alors que l'Armée rouge s'approchait de Potsdam, le château de Cecilienhof fut abandonné par ses occupants qui y laissèrent tout le mobilier et toutes les œuvres d'art. Les troupes soviétiques investirent le château le 26 avril et décidèrent peu après d'y organiser la conférence au sommet réunissant les vainqueurs de la Seconde Guerre mondiale.

Contexte

La conférence de Potsdam, qui eut lieu au château de Cecilienhof du 17 juillet au 2 août 1945, marqua la fin de la Seconde Guerre mondiale en Europe. Les représentants des États-Unis, de la Grande-Bretagne et de l'Union Soviétique s'y rassemblèrent pour déterminer les modalités de la réorganisation de l'Allemagne et de l'Europe entière au terme du conflit. Des contacts antérieurs noués entre ces belligérants avaient permis la formation d'une alliance de circonstances et la livraison à l'URSS de l'armement et des biens industriels dont elle avait cruellement besoin. Ces contacts s'étaient multipliés après que l'Allemagne nazie eut agressé l'Union Soviétique en juin 1941 et des négociations avaient eu lieu sous différents formats entre le président Roosevelt, le Premier ministre Churchill et le généralissime Staline lors de rencontres organisées à Moscou, à Washington, au Caire et à Casablanca afin de fixer les objectifs de la guerre et de convenir d'une stratégie commune.

Le premier contact personnel entre les Trois Grands eut toutefois lieu à Téhéran du 28 novembre au 1er décembre 1943, alors que les victoires sovié-

Staline, Roosevelt et Churchill à la Conférence de Téhéran, 1943

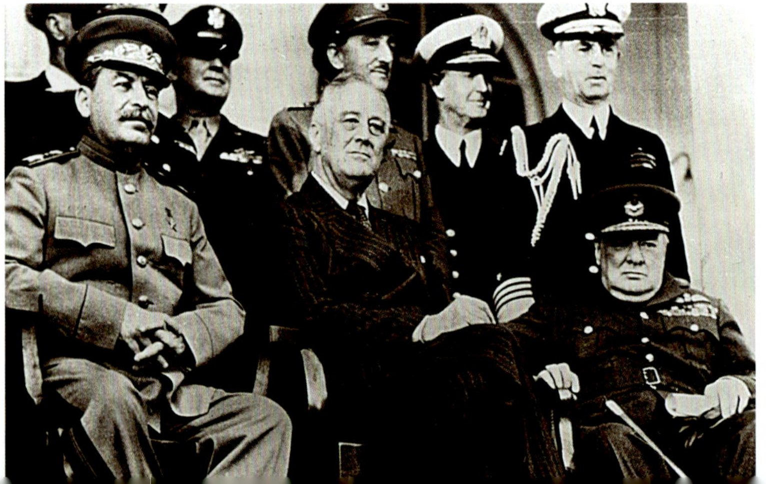

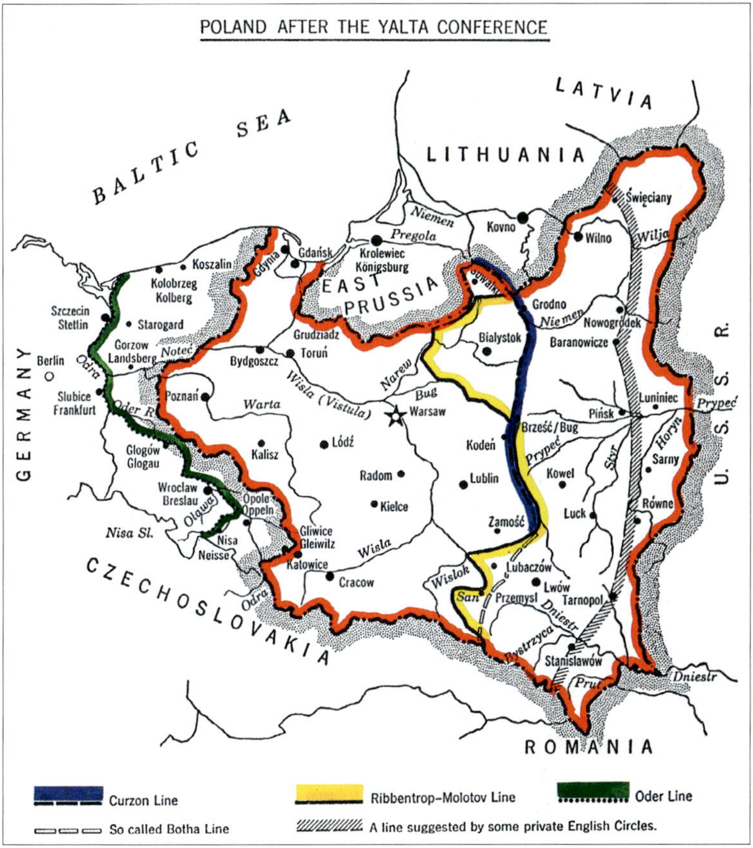

Déplacement vers l'ouest des frontières polonaises

tiques à Stalingrad et Koursk, la capitulation des Allemands en Afrique du Nord et le débarquement des Alliés en Italie rendaient opportun d'envisager la réorganisation de l'Europe après la guerre. Il devint rapidement évident que les frontières de l'Allemagne et de la Pologne devraient être modifiées. En ce qui concerne ce dernier pays, sa frontière avec l'Union Soviétique fut fixée sur la « ligne Curzon », ce qui signifiait que la Pologne devait perdre plus de 170 000 kilomètres carrés de son territoire, qu'il fut convenu de compenser par un déplacement de la frontière avec l'Allemagne jusqu'à l'Oder, tandis que le nord de la Prusse-Orientale, autour de Königsberg, devait échoir à l'URSS. L'objectif des Trois Grands était également de diviser l'Allemagne en plusieurs petits États indépendants et de rétablir l'Autriche dans ses frontières de 1937.

C'est également à la conférence de Téhéran que les Alliés occidentaux acceptèrent de satisfaire une des principales revendications de Staline, à savoir l'ouverture d'un second front en France. Ce qui fut fait en juin 1944 avec le débarquement de Normandie (opération Overlord), qui prenait ainsi le Reich en tenaille, changeant alors de manière radicale la situation politique en Europe. À la fin de l'année, Staline contrôlait pratiquement toute l'Europe de l'Est, tandis que les Alliés occidentaux, après avoir libéré la France et la Belgique, atteignaient le Rhin. Il devint alors impératif de négocier les zones d'influence respectives, ce qui eut pour effet d'affaiblir l'alliance. Les rencontres bilatérales entre Staline et Churchill ne donnant aucun résultat, on se résolut à organiser une conférence à trois.

Elle eut lieu à Yalta, en Crimée, du 4 au 11 février 1945. Au terme de cette conférence, les Trois Grands publièrent une « Déclaration sur l'Europe libérée » dans laquelle ils s'engageaient à respecter le droit des peuples à l'autodétermination affirmé dans la Charte de l'Atlantique. Cette disposition fut à la source de graves tensions, principalement en ce qui concernait la Pologne, puisque le gouvernement polonais en exil à Londres, tout comme le Comité de Lublin rassemblant des communistes prosoviétiques, entendaient exercer ce droit. Au terme d'âpres négociations, les Trois Grands se mirent d'accord sur la formation d'un gouvernement provisoire d'union

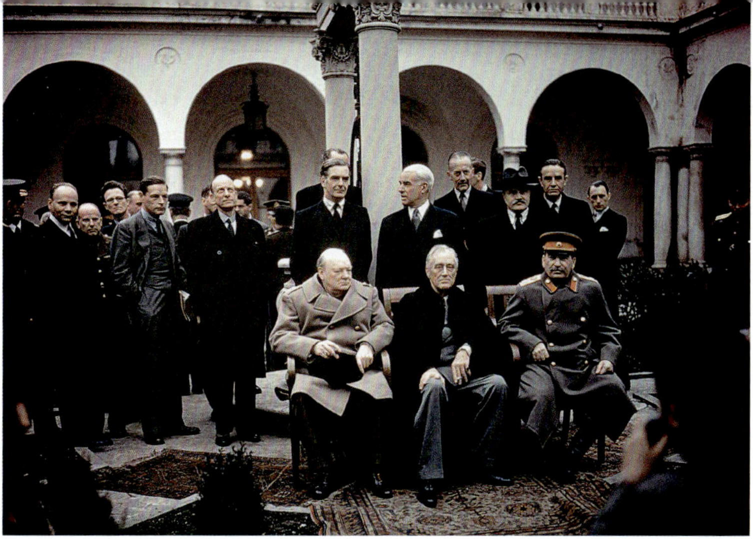

Conférence de Yalta, février 1945

nationale rassemblant des représentants des deux forces en présence. Néanmoins, ce compromis signifiait que le cas polonais pourrait à l'avenir constituer un précédent, alors que la conception occidentale de la démocratie s'opposait au concept communiste de démocratie populaire favorisé par Staline.

Désormais sûrs de leur victoire sur Hitler, les Alliés décidèrent de partager l'Allemagne en trois zones puis en quatre après qu'une zone d'occupation eut été accordée à la France. Un autre compromis fut trouvé quant aux réparations que l'Allemagne devrait payer. La somme de vingt milliards de dollars fut avancée comme base pour des négociations devant avoir lieu à Moscou, mais ce point fut lui aussi problématique du fait d'opinions divergentes parmi les Alliés.

Ceux-ci s'accordèrent par contre sur la nécessité pour l'Union Soviétique de contribuer à la victoire sur le Japon et Staline s'engagea à envoyer des troupes devant participer à la guerre du Pacifique au plus tard trois mois après la fin du conflit en Europe.

C'est également à Yalta que fut convenue la création de l'Organisation des Nations Unies sur la base de la Charte de l'Atlantique publiée en 1941. La création de cet organisme était un des objectifs de guerre formulés par les États-Unis, mais le président Roosevelt, gravement malade, mourut le 12 avril 1945, c'est-à-dire avant la signature de la Charte des Nations Unies le 26 juin suivant. Son successeur, Harry S. Truman, manquait d'expérience en matière de relations internationales et se révéla être peu enclin aux compromis, ce qui compliqua les négociations ultérieures avec Staline.

Préparatifs

Les quatre vainqueurs de la guerre assumèrent l'autorité suprême en Allemagne à partir du 5 juin 1945, date de la publication de la Déclaration de Berlin qui visait à régler les problèmes les plus urgents, notamment le maintien de l'ordre et l'administration du pays vaincu, tandis que ceux relatifs à réorganisation politique de l'après-guerre restaient en suspens et devaient être abordés lors de négociations ultérieures réunissant les chefs d'État et de gouvernement des pays vainqueurs.

C'est dans ce contexte qu'eut lieu la dernière et la plus longue des conférences réunissant les Trois Grands. Bien qu'officiellement appelée « Conférence de Berlin » car elle devait à l'origine se tenir dans cette ville, la conférence fut transférée à Potsdam lorsqu'il fut évident qu'il n'y avait plus de lieu adéquat dans l'ancienne capitale du Reich en ruines. Les châteaux de Potsdam étaient par contre presque intacts, de sorte que les organisateurs décidèrent que la conférence aurait lieu à Cecilienhof, dans le parc des Nouveaux Jardins bordé par deux lacs, le Jungfernsee et l'Heiliger See, ce qui facilitait la sécu-

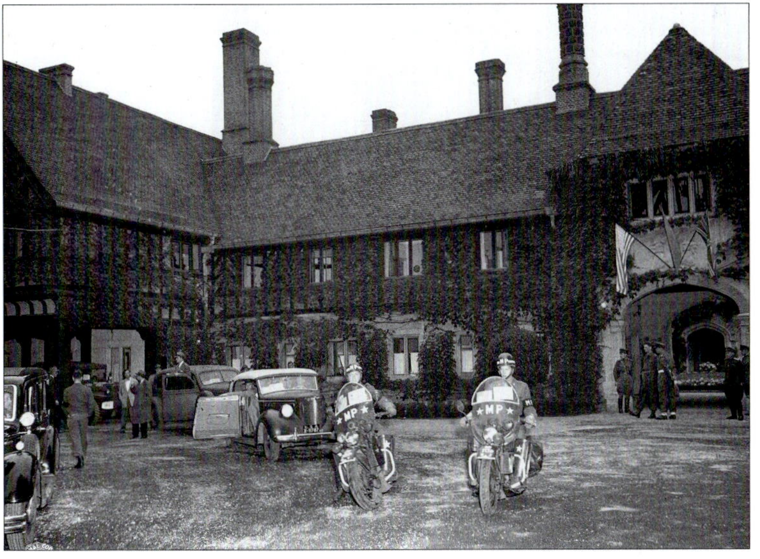

Convoi du président Truman devant le château de Cecilienhof

risation du site, par ailleurs proche de l'aéroport de Berlin-Gatow. Les différentes délégations, réunissant plusieurs centaines de personnes au total, s'installèrent pour leur part dans des villas du faubourg de Babelsberg qui, tout comme Cecilienhof, fut divisé en trois secteurs (américain, britannique et soviétique), tandis que chacune des délégations avait une entrée distincte au château accueillant la conférence.

La ville de Potsdam se trouvant dans la zone d'occupation soviétique, c'est l'Armée rouge qui fut chargée de l'organisation de la conférence et de la réparation des réseaux de communication, d'électricité, d'eau potable et d'eaux usées. Des travaux de jardinage furent également effectués dans les parcs, avec notamment la réalisation d'une étoile rouge soviétique en géraniums dans la cour d'honneur de Cecilienhof. Parallèlement, des meubles furent prélevés dans divers palais et villas de Berlin et Potsdam afin

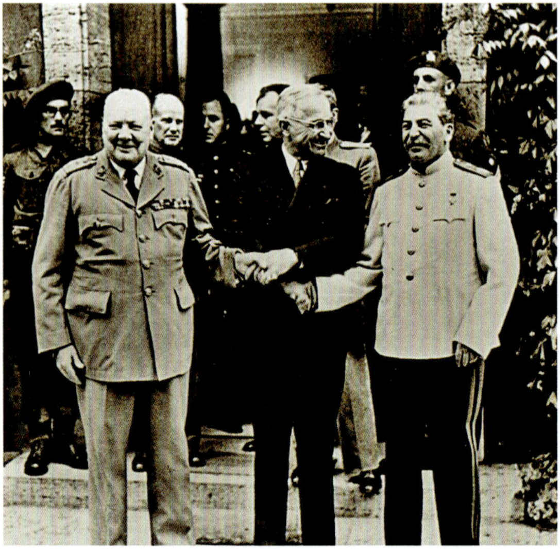

Les Trois Grands à Potsdam

d'en équiper la grande salle et les trente-six autres pièces du château utilisées lors de la conférence.

Le 17 juillet 1945, lorsque tout fut enfin prêt, deux « vieilles connaissances » (Staline et Churchill) et un « nouveau venu » (Truman) purent ouvrir la conférence ayant pour nom de code « Terminal ».

Résolutions

Treize sessions donnant lieu à d'âpres négociations se succédèrent avec un objectif pour le moins ambitieux : réorganiser l'Europe et déterminer le futur statut économique et politique de l'Allemagne. Un accord de principe fut trouvé quant à la nécessaire dénazification : le parti nazi fut interdit et toutes les lois promulguées depuis 1933 abolies, avec pour conséquence directe la constitution d'un tribunal militaire international devant siéger à Nuremberg à partir de

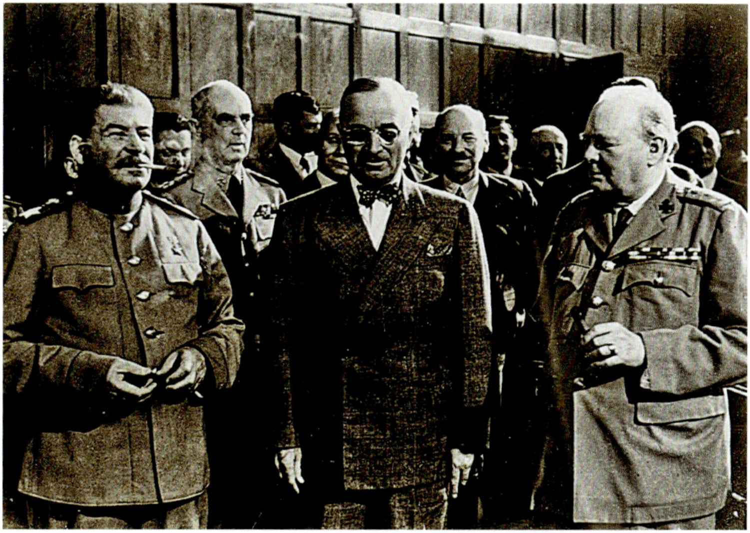

Staline, Truman, Churchill et Attlee dans la salle de conférence

novembre 1945 afin de juger les principaux criminels de guerre nazis.

Le Conseil de contrôle allié, réuni pour la première fois le 30 juillet 1945, fut chargé de mettre en œuvre les décisions suivantes : démilitarisation complète de l'Allemagne, réorganisation politique du pays sur des bases démocratiques et décentralisation de l'économie. Alors qu'on évitait soigneusement de définir le terme « bases démocratiques » afin d'éviter un conflit lié à son interprétation, des mesures concrètes furent prises pour que chacune des puissances occupantes organise à sa guise, dans sa zone d'occupation, les prélèvements destinés à couvrir les réparations imposées à l'Allemagne. L'Union Soviétique devait de plus recevoir vingt-cinq pour cent des équipements industriels considérés comme superflus dans les zones d'occupation occidentales, à charge pour elle d'en échanger quinze pour cent contre des matières premières et des denrées alimentaires prélevées

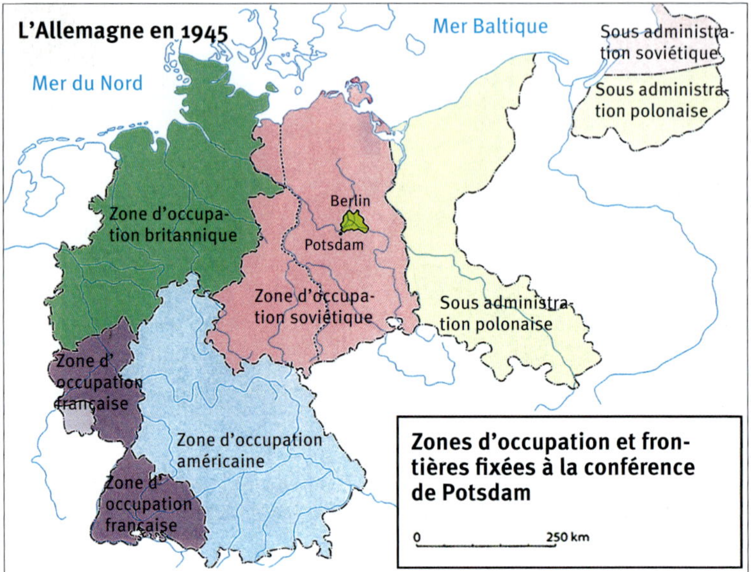

······ Ligne de démarcation entre les troupes soviétiques et anglo-américaines au 8 mai 1945

--- Limites des zones occupées par les troupes américaines, britanniques, françaises et soviétiques à partir du 3 juillet 1945. Les limites de la zone d'occupation française furent définitivement fixées le 28 juillet suivant.

–·– Frontières allemandes fixées par la conférence de Potsdam

Berlin – Ville située dans la zone d'occupation soviétique, siège du Conseil de contrôle allié et partagée en quatre secteurs d'occupation (américain, britannique, français, soviétique).

Sarre – Territoire semi-autonome sous contrôle français à partir de 1947 et rattaché à l'Allemagne de l'Ouest après un référendum en 1957.

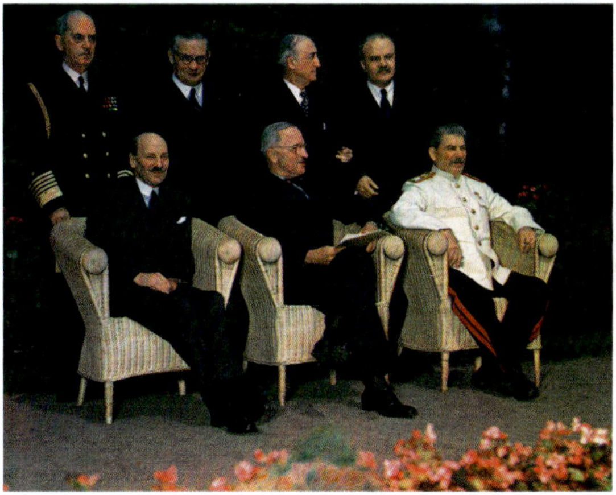

Les Trois Grands et leurs ministres des Affaires étrangères sur la terrasse du château, 1er août 1945

dans sa propre zone d'occupation. Ces dispositions auraient toutefois exercé des pressions économiques différentes d'une zone à l'autre alors même que les Alliés affirmaient en théorie vouloir préserver l'unité économique de l'Allemagne. Staline finit par céder sur ce point après que la Grande-Bretagne et les États-Unis eurent, en contrepartie, accepté de fixer la frontière germano-polonaise sur la ligne Oder-Neisse.

Le 24 juillet, c'est-à-dire préalablement à cet accord et suite à une invitation formulée par Moscou, les Alliés avaient reçu une délégation du gouvernement provisoire polonais d'unité nationale. Le tracé de cette frontière avait alors été accepté à titre provisoire puisque « *la délimitation finale de la frontière occidentale de Pologne* [devait] *être faite au moment du règlement de la paix* ». En attendant, les territoires ex-allemands à l'est de la ligne Oder-Neisse devaient être « *remis à l'administration de l'État polonais et à cette fin ne pas être considérés comme partie de la zone soviétique d'occupation de l'Allemagne* ». On sait toutefois que le tracé de la frontière germano-po-

Carte des zones d'occupation en Allemagne

lonaise ne fut définitivement accepté au niveau international que quarante-cinq ans plus tard, le 12 septembre 1990, lors de la signature du « traité portant règlement définitif concernant l'Allemagne », dit « traité 4 + 2 », qui devait tenir lieu de traité de paix.

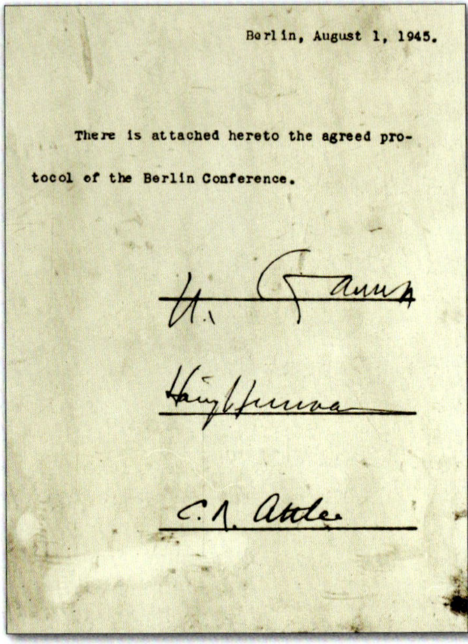

Berlin, August 1, 1945.

There is attached hereto the agreed protocol of the Berlin Conference.

Signatures des Trois Grands

Dans le contexte de la réorganisation territoriale de l'Europe, les Alliés décidèrent également de procéder au « *transfert en Allemagne des populations allemandes demeurées en Pologne, en Tchécoslovaquie et en Hongrie* ». Ce qui devait se faire de manière « *ordonnée et humaine* » se solda dans les faits par l'expulsion violente d'environ douze millions d'Allemands, cette catastrophe humanitaire se doublant de l'expulsion d'environ deux millions de Polonais des territoires de l'est de la Pologne étant échus à l'Union Soviétique.

La Conférence aboutit également à l'établissement d'un Conseil des ministres des Affaires étrangères de Chine, des États-Unis, de France, de Grande-Bretagne et d'Union Soviétique, dont la première tâche fut d'élaborer les traités de paix avec les anciens alliés de l'Allemagne nazie (Bulgarie, Finlande, Hongrie, Italie, Roumanie) qui furent signés l'année suivante lors de la conférence de paix de Paris. Ce conseil des ministres ne se réunit toutefois plus après 1948 lorsque les tensions augmentèrent entre les Alliés.

La dernière rencontre au sommet entre les Trois

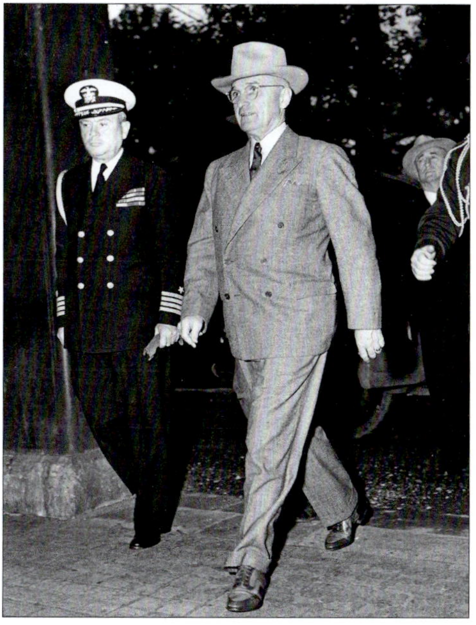

Grands eut lieu le 2 août 1945 et se solda, tard dans la nuit, par la signature du Rapport officiel sur la conférence tripartite de Berlin. Souvent qualifié à tort d'« Accords de Potsdam », ce rapport ne fut jamais considéré comme un traité de droit international.

Déclaration de Potsdam et fin de la guerre dans le Pacifique

Bien que la guerre fût terminée en Europe, les questions militaires étaient toujours d'actualité lors de la Conférence de Potsdam. En effet, la stratégie des Alliés dite de « l'Europe en premier » avait certes permis de vaincre Hitler, mais la guerre n'était pas terminée dans le Pacifique. C'est pourquoi les états-majors américains et britanniques se réunirent à plusieurs reprises et invitèrent leur homologue soviétique à les rejoindre, Staline s'étant engagé lors de la Conférence de Yalta à finalement participer à l'effort de guerre contre le Japon.

Arrivée de Truman à la conférence, 17 juillet 1945

Mais entre-temps, le président Truman bénéficiait d'un atout militaire de poids qui devait lui permettre de mettre rapidement un terme à la guerre du Pacifique : la bombe atomique.

Un test effectué le 16 juillet 1945 dans le désert du Nouveau-Mexique avait démontré que cette arme redoutable était désormais opérationnelle.

Dix jours plus tard, le président Truman, le Premier ministre Churchill et le généralissime Chang Kaï-chek signèrent (par télégraphe pour ce dernier) la Déclaration de Potsdam conçue comme un avertissement envoyé au Japon. Ce document annonçait que, comme dans le cas du Reich, l'empire du Japon devait capituler sans condition, que les criminels de guerre seraient poursuivis, que le pays serait occupé et démilitarisé et que, conformément à la Déclaration du Caire, son territoire serait réduit aux quatre principales îles de l'archipel nippon. Le document se terminait par une mention indiquant qu'en cas de rejet de l'ultimatum, le Japon serait « rapidement et entièrement détruit ».

Le gouvernement japonais ayant ignoré la Déclaration de Potsdam, plus aucun obstacle formel ne s'opposait à l'emploi de l'arme atomique, autorisé par Truman depuis le 24 juillet. Après le largage de deux bombes stratégiques les 6 et 9 août, la première sur Hiroshima, la seconde sur Nagasaki, l'empire du Japon se trouva dans une situation d'autant plus désespérée que l'Union Soviétique, conformément à l'engagement pris à Yalta, lui avait déclaré la guerre le 8 août.

Le 15 août 1945, l'empereur Hirohito s'adressa pour la première fois par radio au peuple japonais et lui annonça la capitulation prochaine du pays, qui fut signée le 2 septembre suivant sur l'USS Missouri, cuirassé américain mouillant dans la baie de Tokyo. L'acte de capitulation reprenait toutes les dispositions formulées dans la Déclaration de Potsdam. Quant au traité de paix conclu le 8 septembre 1951 à San Francisco, l'Union Soviétique ne fut pas invitée à le signer, ce qui met bien en évidence que les États-Unis et l'URSS, anciens alliés, étaient entre-temps devenus des ennemis.

Portée historique

La Conférence de Potsdam ayant réuni des participants s'opposant sur de nombreux points, elle ne pouvait donner lieu qu'à des formulations et des déclarations d'intention particulièrement vagues. Toutes les délégations s'efforcèrent cependant d'éviter l'incident diplomatique et de présenter la conférence à l'opinion publique mondiale comme un véritable succès.

Winston Churchill ayant perdu les élections législatives organisées en Grande-Bretagne en juillet 1945, il dut quitter la Conférence avant son terme et fit plus tard une remarque on ne peut plus claire en déclarant : « La dernière des conférences réunissant les Trois Grands s'est soldée par une grosse déception car la plupart des questions abordées durant les nombreuses réunions sont restées sans réponses. » La raison de cet échec se trouvait dans le fait que la politique des Alliés ne reposait plus sur un socle commun après leur victoire sur Hitler : leurs différences idéologiques étaient trop fortes, leurs systèmes politiques trop antagonistes, de sorte que la coalition éclata dès que la paix fut revenue.

Comparées aux conclusions des conférences ayant réuni les Trois Grands à Téhéran et Yalta, celles de la Conférence de Potsdam se distinguaient par leur manque de clarté. Et tandis que les décisions relatives aux réparations et à la dénazification n'étaient pas du tout ou seulement partiellement appliquées, seules les dispositions concernant les frontières et les mouvements de populations eurent un effet durable, la frontière germano-polonaise n'étant toutefois acceptée au niveau international que quarante-cinq ans plus tard, comme indiqué ci-dessus.

Double page suivante : la table des négociations aux premiers jours de la conférence

Il convient toutefois de reconnaître que les chefs des différentes délégations s'efforcèrent d'obtenir des compromis n'hypothéquant pas l'avenir et que,

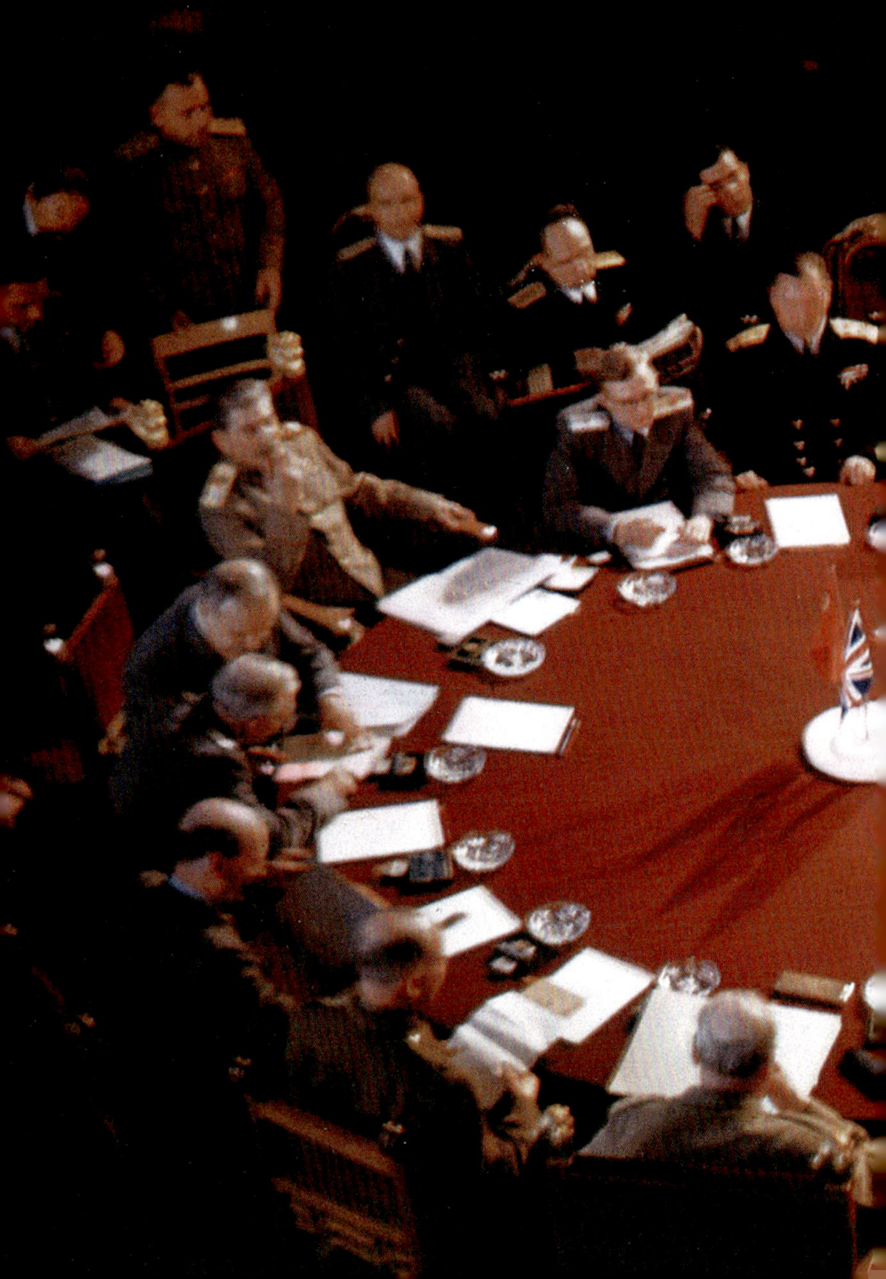

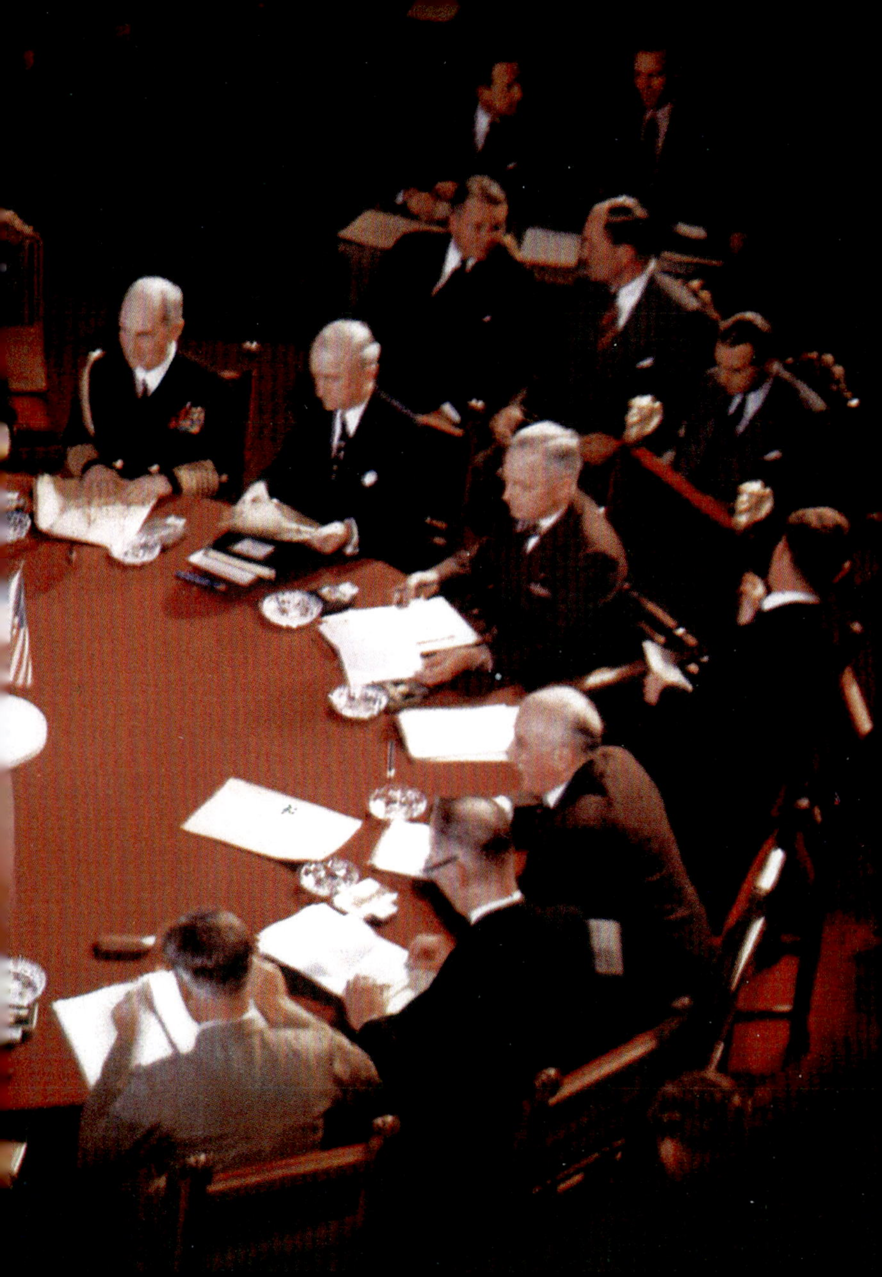

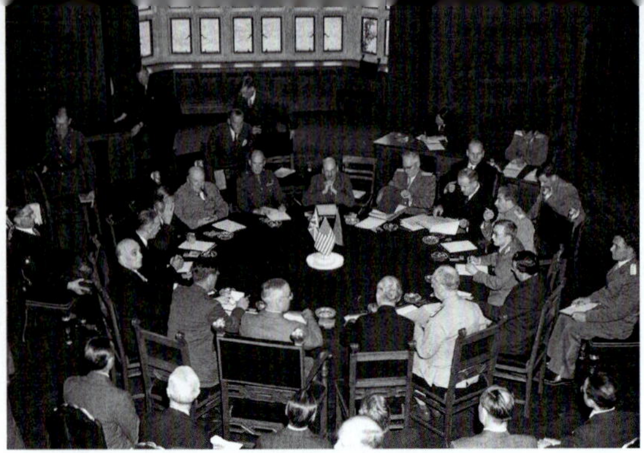

Autre vue de la table de conférence

puisqu'elle était organisée immédiatement après la fin de la guerre en Europe, la Conférence de Potsdam ne pouvait qu'être une première étape. Tous les participants étaient parfaitement conscients que ce ne serait pas une conférence de paix, comme l'indique une remarque faite par Truman lorsqu'il prit congé de ses homologues : « À bientôt, donc, et j'espère que notre prochaine rencontre aura lieu à Washington. » Ce qui n'empêcha pas les tensions entre les vainqueurs de conduire à la Guerre froide et à la partition du monde en deux blocs antagonistes.

Les négociations menées au terme de la Première Guerre mondiale avaient duré plus d'un an. Comment aurait-il pu être possible, en seulement deux semaines, de régler tous les problèmes soulevés par la fin du second conflit mondial ? Si la Conférence de Potsdam est entrée dans l'Histoire, c'est en fait parce qu'elle marqua une césure caractérisée par le début de la Guerre froide, la course aux armements et la partition du monde, durant des décennies, entre l'Est et l'Ouest. État de fait que Churchill formula en mars 1946 lors d'un discours devant les étudiants de l'université de Fulton, dans le Missouri, durant lequel il prononça la phrase célèbre : « De Stettin sur la Baltique à Trieste sur l'Adriatique, un rideau de fer s'est abattu sur l'Europe ».

Pièces ayant accueilli la Conférence de Potsdam

Plusieurs pièces des anciens appartements de la famille du kronprinz furent réaménagées afin de servir de salles de travail et de négociations pour les différentes délégations. Cecilienhof et Potsdam se trouvant dans la zone d'occupation soviétique, ce réaménagement fut confié à l'intendance de l'Armée Rouge, tandis que Joseph Staline offrait l'hospitalité aux participants à la conférence. Le mobilier d'origine fut entreposé principalement dans la laiterie des Nouveaux Jardins (où il fut détruit par un incendie le 18 juillet 1945) et remplacé par des meubles prélevés dans les palais et villas de Babelsberg et des environs.

Le parcours de la visite décrite dans les pages suivantes débute au vestibule et passe directement à la grande salle et aux ailes latérales du château, de sorte qu'il diffère de celui de l'audioguide et des visites guidées.

Vestibule (pièce 1)

Lorsqu'on est sous le porche de la cour d'honneur, l'accès au château se fait par le vestibule qui communique avec la grande salle qui était jadis le salon du kronprinz et servit de salle de réunion durant la conférence. Le principal élément de cette pièce subdivisée en deux espaces distincts est la cheminée ouverte en briques qui se trouve dans une grande niche. Les portes et les boiseries des murs sont ici en chêne ciré. Durant la conférence, c'est par ce vestibule que Winston Churchill et son successeur Clement Attlee accédaient à leur cabinet de travail.

Salle de conférence (pièce 2)

Cette salle longue de vingt-six mètres et haute de douze présente des murs recouverts aux deux tiers

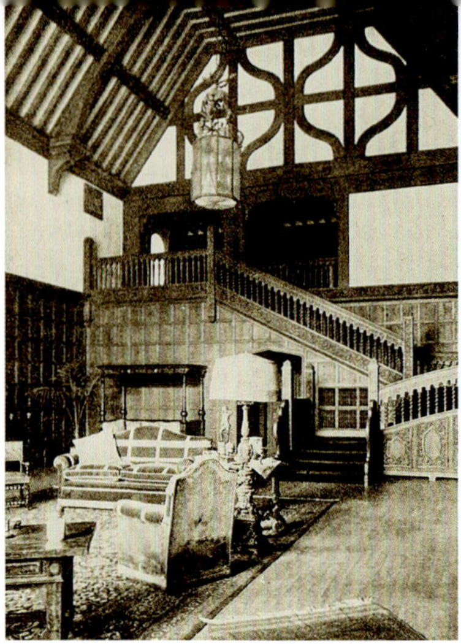

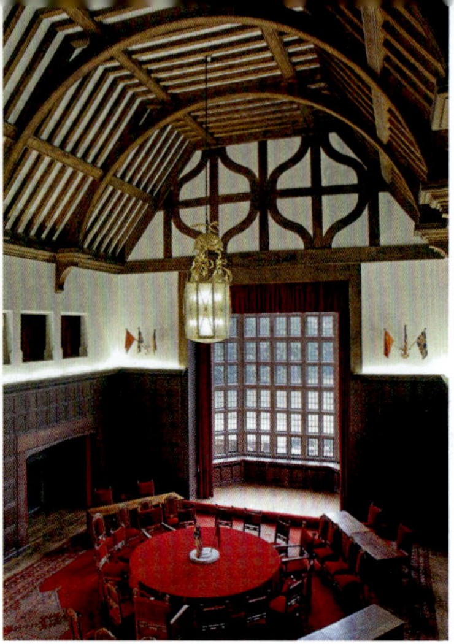

Salle de séjour de la famille du kronprinz (à gauche)

Salle de conférence

par des boiseries en chêne. Du temps du kronprinz, elle servait de salon et de salle de réception. Les poutres du plafond évoquent une carène de bateau renversée. Les arcs Tudor qui surmontent la cheminée, la porte du vestibule et celle de l'oriel en grès éclairé par quatre-vingt-dix-huit vitres serties au plomb sont typiques des manoirs anglais. Le mobilier d'origine provenait de divers dépôts et châteaux où il avait dû être prélevé en 1918 à cause de la guerre. Les seuls éléments inchangés sont ici les deux lanternes et les quatre ouvertures dans le mur au-dessus de la cheminée qui font communiquer l'ancien salon avec une loge dans laquelle des musiciens pouvaient prendre place.

On remarque tout particulièrement le grand escalier en chêne, sculpté dans le style du baroque de Dantzig, qui fut offert au couple princier et donne accès à des pièces privées (chambre à coucher, salle de bain et garde-robe).

Cette salle a été rénovée et entièrement remeublée en 1945 pour les besoins de la conférence. La table de

Réunion dans la salle de conférence

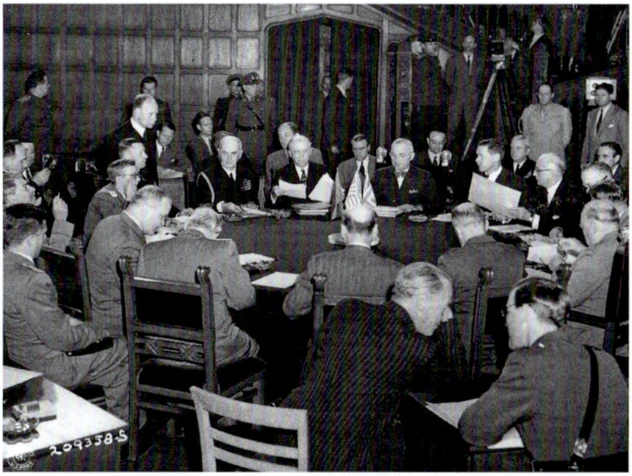

négociations, d'un diamètre de 3,05 mètres, provient probablement d'un atelier d'ébéniste de Moscou. Les chaises richement sculptées du premier rang, prélevées au Palais néerlandais de Berlin, étaient réservées aux trois chefs de délégation, à leur ministre des Affaires étrangères et à leur interprète. Les conseillers politiques et militaires prenaient quant à eux place au second rang et les greffiers aux tables se trouvant derrière eux.

Chacune des trois délégations accédait à la salle de conférence par une des trois grandes portes latérales à deux battants, la porte du vestibule n'étant ouverte qu'exceptionnellement pour faire entrer les photographes accrédités. La journée de travail commençait à huit heures pour les sous-comités, tandis que les trois ministres des Affaires étrangères se réunissaient à onze heures. Elle se terminait dans la soirée par une réunion présidée par Harry S. Truman rassemblant les chefs d'État et de gouvernement accompagnés de leur délégation.

Salon blanc (pièce 3)

Cet ancien salon de musique rappelle celui du Palais de Marbre par sa partition en trois espaces distincts ainsi que par ses colonnes corinthiennes et la grande rosace au centre du parquet en chêne. Les dessus-de-porte agrémentés de stucs figurant des instruments de musique sont des œuvres de *Joseph Wackerle* qui renvoient à l'affectation première de la pièce. Les

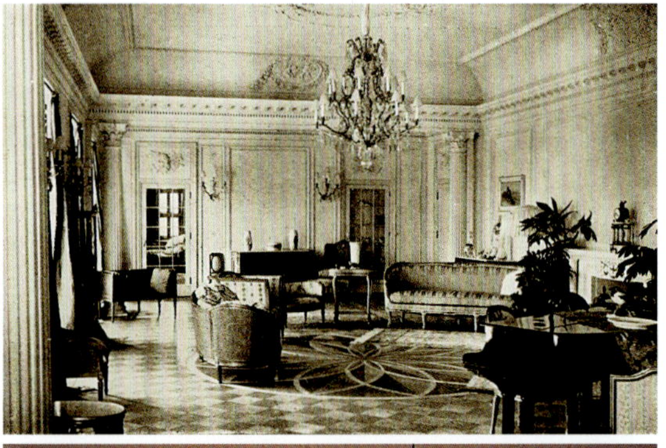

Salon de musique de la princesse

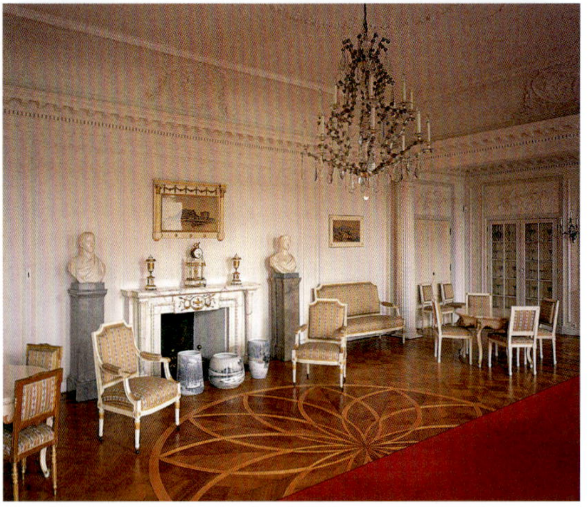

Salon blanc

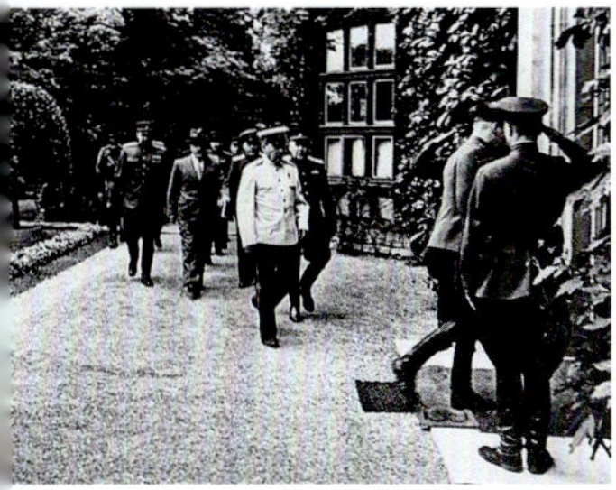

Staline du Salon blanc

bois sculptés qui se trouvent dans l'embrasure des cinq portes-fenêtres et cachent des tuyaux de chauffage central figurent des masques de dieux antiques et sont également dus à Wackerle. Parmi les objets faisant partie de la décoration d'origine se trouvent de grands vases en porcelaine de Saint-Pétersbourg, les bustes en marbre de Frédéric-Guillaume III et de la reine Louise dus à *Christian Philipp Wolff*, la pendule et les deux vases de cheminée, le lustre en cristal et les aquarelles d'*Angelos Giallina* figurant l'Acropole et des paysages de Corfou.

Les vitrines contiennent des faïences et des porcelaines impériales ainsi que des verres de Murano colorés. Les tables et les chaises rococo proviennent du Nouveau Palais et sont venues remplacer les meubles d'origine de style Louis-Seize en 1945. Le piano à queue qui se trouvait ici jadis a maintenant disparu.

Durant la conférence, le Salon blanc servit de salle de réception, notamment lors du cocktail organisé par les Soviétiques le 17 juin. Les trois délégations disposant de quartiers distincts au château, Staline y accédait par la porte-fenêtre droite de cette pièce.

Cabinet de travail soviétique (pièce 4)

Cette pièce également appelée « salon rouge » était à l'origine le cabinet de travail de la princesse Cécile. Le damas rouge des murs fut remplacé dès les années 1930 par du papier peint rose restauré à l'original en 2004. Plus rien ne subsiste du riche mobilier d'antan (tables, fauteuils et armoires), mais les livres prélevés au Palais de Marbre en 1917, en même temps que ceux de la bibliothèque et du fumoir du kronprinz, ont toutefois été préservés. Les étagères, ainsi que les boiseries et les cache-radiateurs, sont en acajou. Un tableau datant de 1911, peint par *Albert*

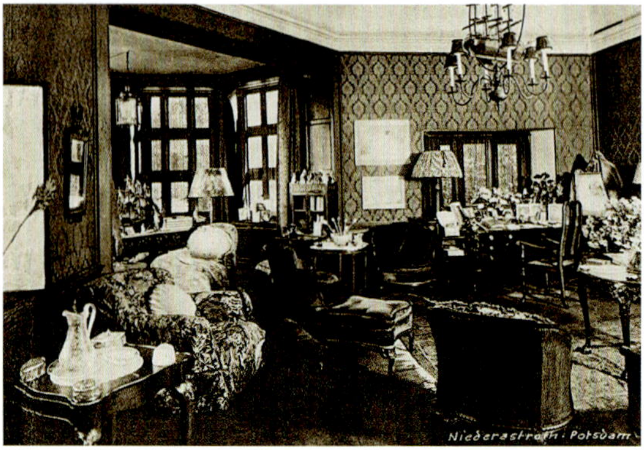

Cabinet de travail de la princesse

Hertel et figurant la villa Falconieri, près de Rome, se trouve au-dessus de la cheminée, jadis agrémentée de carreaux de faïence bleus fabriqués aux Pays-Bas.

On ignore d'où proviennent le bureau ainsi que les fauteuils et le sofa en cuir qui se trouvent dans l'oriel, mais on sait que les chaises se trouvaient jadis dans la salle des Maréchaux du château. La disposition de ces meubles a été modifiée depuis la conférence.

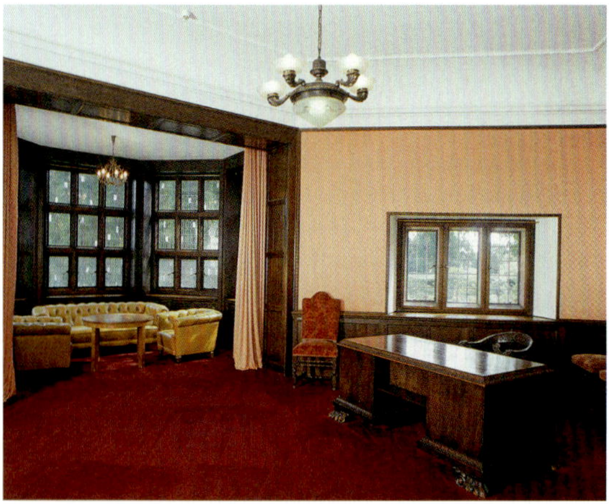

Cabinet de travail soviétique

Cabine de bateau (pièce 5)

Une petite porte donne accès à la pièce adjacente : l'ancien cabinet privé de la princesse Cécile. Sa décoration est l'œuvre de *Paul Ludwig Troost*, l'un des architectes navals les plus célèbres du début du XXe siècle. N'ayant pas été modifiée du temps de la conférence, cette pièce compte parmi les rares étant restées dans leur état d'origine. Son caractère naval, dû au penchant de la princesse pour les voyages en bateau, tient au pseudo-mat incliné qui occupe le centre de la pièce, à la fenêtre coulissante en forme de hublot, aux armoires et commodes fixées aux murs et au lavabo caché derrière une vitrine. Le petit secrétaire, de même que l'ensemble de la décoration (plafond, murs et meubles peints en blanc, rideaux et tissu d'ameublement en lin avec des motifs bleus) correspondent parfaitement au goût personnel de la princesse. Un petit escalier mène à son appartement situé à l'étage supérieur.

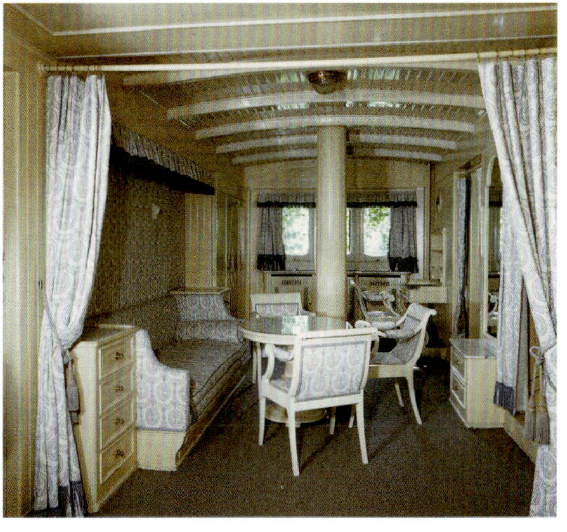

Cabine de bateau

Cabinet de travail britannique (pièce 6)

L'appartement du kronprinz se trouve de l'autre côté de la salle de conférence. La première pièce est ici un fumoir dont l'atmosphère semble tout d'abord sévère à cause du plafond à caissons en pin et des boiseries dans un ton sombre. L'imposant manteau de cheminée, la bibliothèque en chêne intégrée au mur, la table et les sièges confortables viennent toutefois atténuer cette impression et conférer une certaine convivialité à la pièce.

Avant la conférence, une partie du mobilier d'origine fut remplacée par des meubles du XVIIIe siècle en acajou prélevés au Palais de Marbre. Au-dessus de la cheminée se trouve un tableau de *Hans Veit* figurant un paysage près de Mönchgut, sur l'île de Rügen.

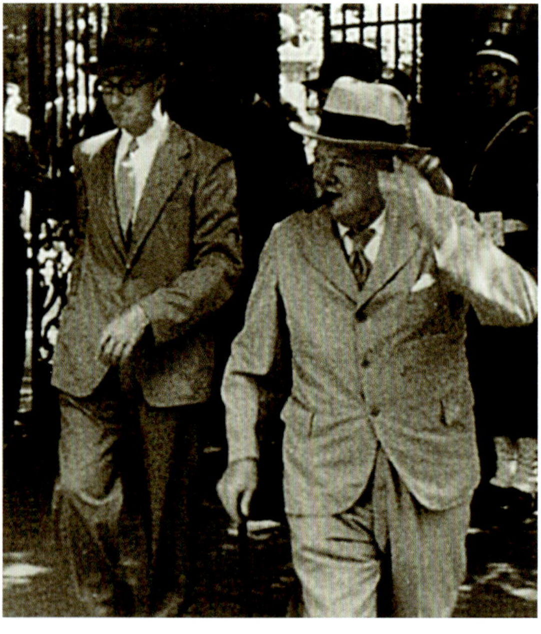

Churchill quittant la conférence, 25 juillet 1945

Fumoir du kronprinz

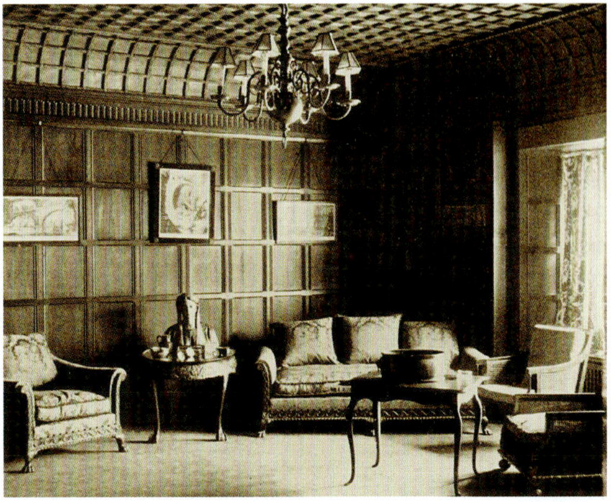

C'est ici que le Premier ministre britannique se retirait avec ses conseillers durant les négociations dans la première phase de la conférence. Le parti conservateur, auquel Winston Churchill appartenait, ayant perdu les élections législatives à la fin de la guerre, c'est un nouveau Premier ministre, Clement Attlee, qui utilisa ce cabinet à partir du 28 juillet 1945 et mena la conférence à son terme du côté britannique.

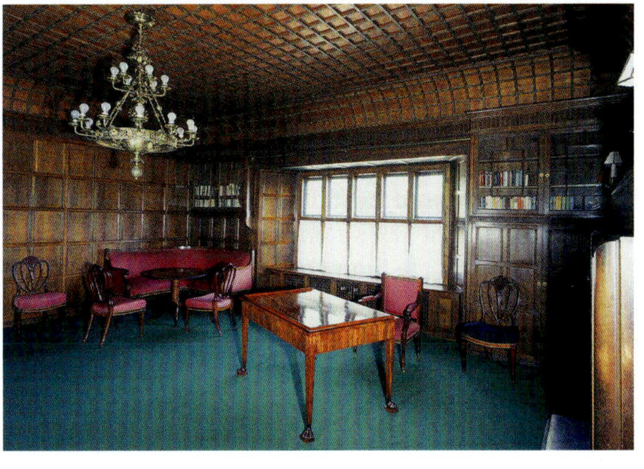

Cabinet de travail britannique

Cabinet de travail américain (pièce 7)

La pièce suivante est l'ancienne bibliothèque du kronprinz. La plupart des quelques deux mille ouvrages qui se trouvaient jadis dans les vitrines intégrées aux murs ont été déplacés et remplacés par d'autres avant la conférence. Le bureau néogothique qui se trouve devant la cheminée, la table massive à pied central et les chaises à dossier de l'oriel datent de la première moitié du XIXe siècle et proviennent du château de Babelsberg. On ignore toutefois d'où proviennent les sièges recouverts de velours bleu.

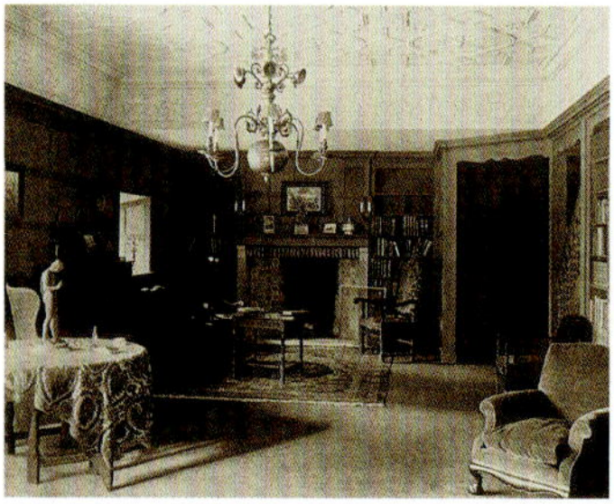

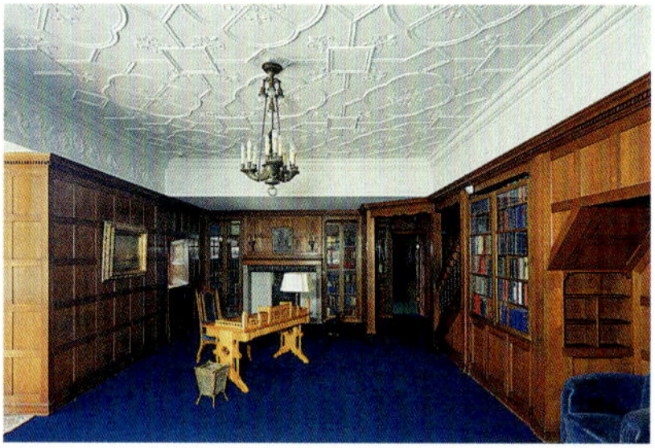

Bibliothèque du kronprinz (à gauche)

Cabinet de travail américain

Le manteau de cheminée d'origine, connu d'après une photographie, a malheureusement été remplacé après 1945 par des carreaux de faïence entièrement blancs.

Le tableau au-dessus de la cheminée figure, œuvre d'*Ulrich*, la Kaiser-Wilhelm-Gedächtniskirche de Berlin avant sa destruction. La vue de Constantinople accrochée au mur nord, peinte par *Ernst Körner* en 1873, est un cadeau du sultan ottoman au fils de l'empereur Guillaume Ier, le futur Frédéric III, mais ne fait pas partie de la décoration d'origine.

Le plafond réticulé et la frise en stuc du haut des murs figurant des scènes de chasse annoncent le salon des chasseurs qui se trouve à l'étage supérieur et auquel on accède par un petit escalier.

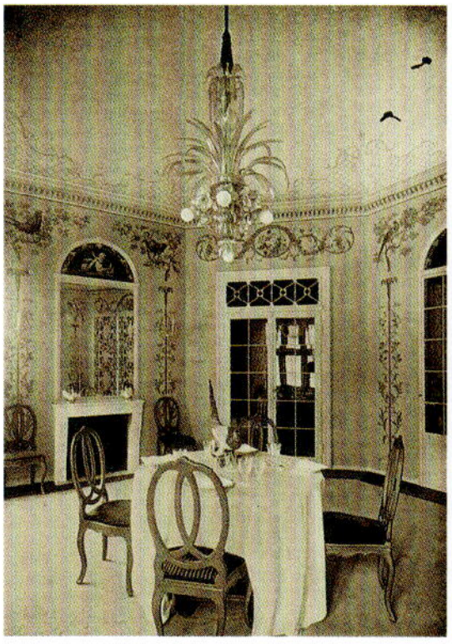

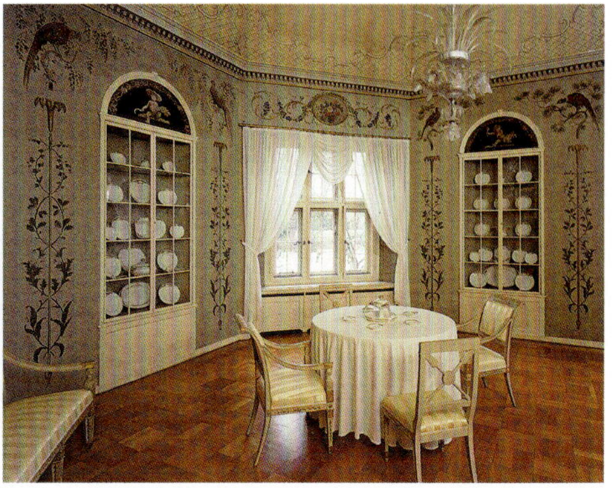

Salon du petit-déjeuner de la famille du kronprinz (à gauche)

Salon du petit-déjeuner dans son état actuel

C'est dans cette pièce que le président américain Harry S. Truman se retirait pour délibérer avec ses conseillers. Bien que le largage de bombes atomiques sur Hiroshima et Nagasaki les 6 et 9 août 1945 n'eût pas été décidé ici, c'est néanmoins dans ce cabinet de travail que furent prises, durant la conférence, des décisions dramatiques qui conduisirent notamment à la course aux armements entre les grandes puissances.

Salon du petit-déjeuner (pièce 8)

C'est dans cette pièce octogonale couverte d'une coupole et aux murs figurant des fleurs et des oiseaux en trompe-l'œil que la famille princière prenait son petit-déjeuner. Elle est adjacente à l'ancienne salle à manger qui abrita un restaurant durant de longues années. Le cache-radiateur en trois éléments agrémenté de bois sculptés est une œuvre de *Joseph Wackerle*. Le lustre en cristal de Venise est d'origine. On distingue sur la table et dans les vitrines des pièces du célèbre service Cérès fabriqué en 1913 par la Manufacture royale de porcelaine de Berlin (KPM).

Appartements privés du couple princier

Cette partie du château est un parfait exemple de l'architecture d'intérieur du début du XXe siècle et du style de vie d'un aristocrate de cette époque tel que le kronprinz. L'ancien appartement princier se compose d'une grande chambre à coucher, de deux cabinets de toilette avec salle de bain, d'une garde-robe et d'une galerie desservant ces pièces. L'accès se fait en empruntant le grand escalier en style baroque de Dantzig qui se trouve dans l'ancienne salle de séjour. On aperçoit tout d'abord un grand portrait de la princesse Cécile réalisé par *Caspar Ritter* en 1908, dont une copie se trouvait à bord du paquebot *Kronprinzessin Cecilie* sortie du chantier naval de Stettin en 1906 et exploité par la compagnie Norddeutsche Lloyd.

Galerie du premier étage (pièce 9)

Les verres et les porcelaines qui sont exposés ici ne font pas tous partie de la vaisselle d'origine. Il s'agit principalement de pièces issues de deux manufactures danoises célèbres au début du XXe siècle : Royal Copenhagen et Bing & Gröndahl. Les verres manquants ont été remplacés par des pièces de style Art nouveau fabriquées par la verrerie autrichienne *Loetz* et deux manufactures de l'École de Nancy : *Émile Gallé* et *Daum Frères*. On remarque tout particulièrement les dix figurines du célèbre surtout de table qu'*Albert Amberg* conçut pour le mariage du kronprinz et de la princesse Cécile en 1905. L'impératrice Auguste-Victoria, mère du prince, estima toutefois que ces figurines étaient trop dénudées, de sorte que le surtout ne fut pas fabriqué jusqu'à ce que la Manufacture royale de porcelaine de Berlin en achète les droits en 1908 et en produise plusieurs exemplaires dans les années suivantes. Les figurines sont des personnifications de diverses civilisations contemporaines ou disparues qui accompagnent le marié, représenté sous les traits d'un cavalier romain, et la mariée montée sur un taureau, c'est-à-dire incarnant le mythe grec de l'enlèvement d'Europe. Ce surtout de table, composé de vingt figurines à l'origine, est une œuvre majeure de l'Art nouveau. À l'autre extrémité de la galerie se trouve un portrait du kronprinz peint en 1936 par *Fritz Reusing*.

Garde-robe du kronprinz (pièce 10)

Alors que les pièces du rez-de-chaussée affirment le prestige des anciens occupants, les appartements privés du premier étage se veulent avant tout fonctionnels et confortables. En dépit de leur sobriété, ils intègrent des matériaux précieux soigneusement travaillés qui leur confèrent une grande élégance. C'est ainsi que, dans la garde-robe du kronprinz, meubles et boiseries ont été réalisés en palissandre, ronce de thuya et loupe de poirier.

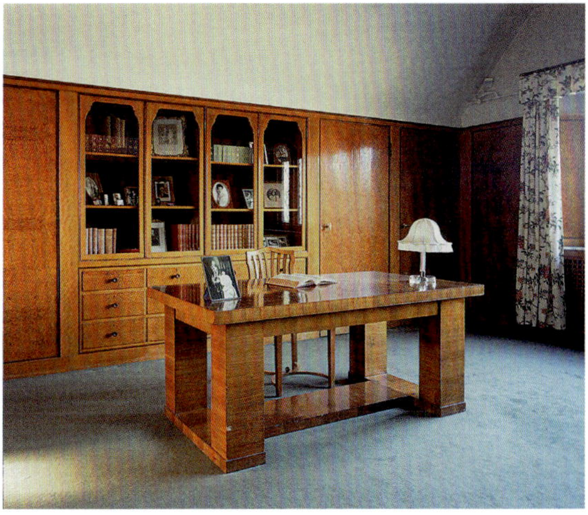

Garde-robe du kronprinz

Cette pièce se distingue par son aspect homogène et le raffinement de sa décoration puisque les boiseries qui couvrent tous les murs masquent divers éléments fonctionnels tels que des portes, un coffre-fort et plusieurs espaces de rangement. La plupart des meubles d'origine ont toutefois disparus, à l'exception d'une table basse et d'une chaise de bureau, ce qui a rendu nécessaire de les remplacer par des pièces datant de la même époque, notamment le bureau et les deux fauteuils qui se trouvent près de la cheminée. Les rideaux et le tissu d'ameublement à motifs naturalistes s'inspirent des orignaux, contrairement à la moquette qui couvre l'intégralité du sol, comme le faisaient toutefois les tapis qu'on trouvait jadis dans la plupart des pièces et des escaliers du château. Des photos de famille sont exposées dans les vitrines. Quant au portrait du kronprinz posé sur un chevalet, il a été réalisé par *Bernhard Zickendraht* en 1931 et se trouvait jadis au rez-de-chaussée.

Portrait du kronprinz Guillaume, Bernhard Zickendraht, 1932 (à gauche)

Portrait de la princesse Cécile, Bernhard Zickendraht, 1934

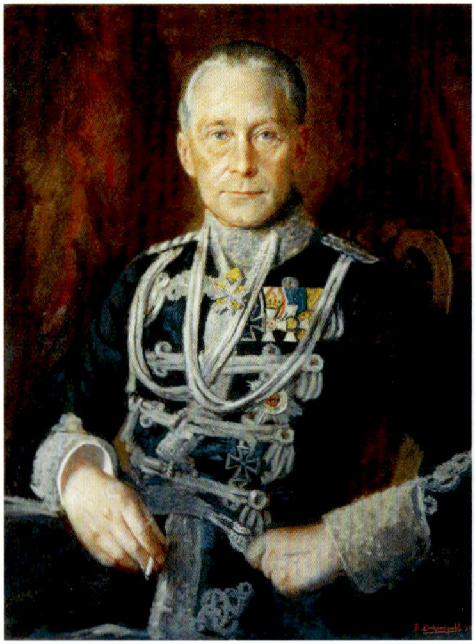

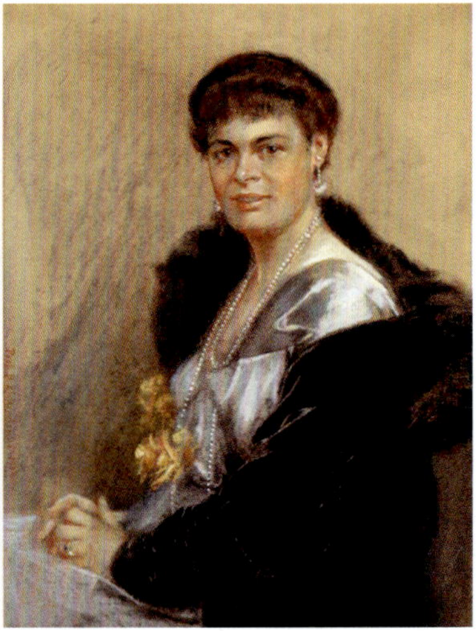

Salle de bain du kronprinz (pièce 11)

Les murs de cette salle de bain spacieuse sont recouverts de carreaux de céramique bleus. Le plan de toilette et la baignoire encastrée dans le sol sont en calcaire gris de Schupbach. Les sanitaires et le bas-relief en majolique qui se trouve au-dessus de la baignoire et figure une nymphe sont des originaux, de sorte que cette pièce a conservé l'atmosphère qui était la sienne du temps du kronprinz.

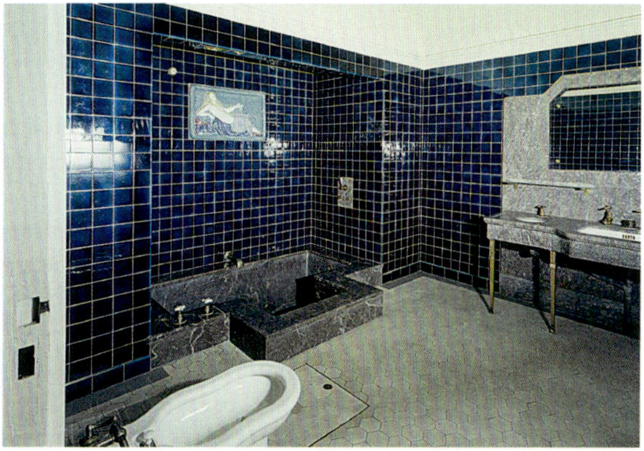

Salle de bain du kronprinz

Chambre à coucher du couple princier (pièce 12)

Un petit couloir donne accès à la chambre à coucher qui ne fut utilisée conjointement par le kronprinz et son épouse que jusqu'en 1923. La pièce se complète par un petit fumoir aménagé dans un oriel et séparé de la chambre par une porte en verre coulissante. La décoration est une œuvre de *Paul Ludwig Troost*, l'architecte naval précédemment évoqué qui conçut les aménagements intérieurs de plusieurs paquebots de la compagnie Norddeutsche Lloyd. La princesse Cécile le chargea également de concevoir la décoration de ses appartements privés après qu'elle eut été, en

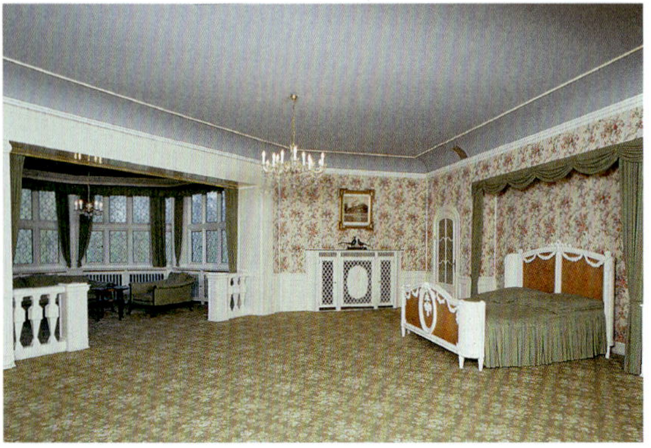

Chambre à coucher

1914, la marraine du paquebot *Columbus* fabriqué à Dantzig et luxueusement aménagé sur des plans de Troost.

Cette pièce a perdu pratiquement tout son mobilier d'origine après avoir servi de salon de musique lors de la conférence en 1945 puis de chambre d'hôtel dans les décennies suivantes. Seuls ont été conservés une commode, une encoignure et une table basse superbement marquetée. Le lit d'origine était connu grâce à un dessin de Troost, ce qui a permis de le remplacer par un lit de la même époque provenant d'un legs effectué par une famille de Potsdam. Certains des divans et fauteuils meublaient jadis d'autres pièces du château. Les bois sculptés peints en blanc des dessus-de-porte et des cache-radiateurs sont dus à *Joseph Wackerle*.

Le portrait de la princesse accroché au-dessus de la cheminée est une œuvre de *Bernhard Zickendraht* réalisée en 1934. Quant à l'esquisse posée sur la commode, due à *William Pape*, elle figure la cérémonie organisée en 1906 dans la Galerie de Marbre du Nouveau Palais à l'occasion du baptême du prince Guillaume de Prusse, fils aîné du kronprinz et de son épouse.

Le superbe tissu d'ameublement, restauré à l'original, s'harmonise parfaitement à la teinte bleu ciel du plafond, tandis que ses motifs floraux font écho à ceux de la moquette et du papier peint, de sorte que cette pièce n'est pas sans évoquer un salon de jardin.

Cabinet privé de la princesse (pièce 13)
On retrouve une décoration florale similaire dans la pièce voisine, sorte de « pont supérieur » relié à la cabine de bateau du rez-de-chaussée au moyen d'un escalier assez étroit qui permet ainsi de redescendre aux pièces de prestige. Des baguettes verticales ont été disposées à intervalle régulier sur le tissu des murs, ce qui vient confirmer l'aspect « salon de jardin » déjà rencontré dans la pièce précédente. Les seuls éléments d'origine encore présents dans cette pièce, également dus à Troost, sont la penderie encastrée et le cache-radiateur richement décorés et peints en blanc. Quelques marches permettent d'accéder à la garde-robe de la princesse.

Garde-robe de la princesse (pièce 14)
Parmi les autres pièces des appartements princiers, cette garde-robe présente la particularité d'avoir pratiquement retrouvée son aspect d'origine. Les boiseries et le plaquage des meubles en bouleau de Russie confèrent à la décoration un aspect uniforme et un charme encore renforcé par le tissu d'ameublement en lin imprimé qui couvre les sièges et certains panneaux muraux. Le rose de ce tissu figurant des motifs à l'antique se retrouve dans la moquette agrémentée de médaillons contenant des fleurs en grisaille. L'origine du plaquage et des meubles, fabriqués à Saint-Pétersbourg, s'explique par les liens familiaux de la princesse Cécile avec la Maison Romanov, sa mère étant une des petites-filles du tsar Nicolas Ier. Les deux photographies en grand format qu'on aperçoit ici représentent pour l'une le kronprinz et la prin-

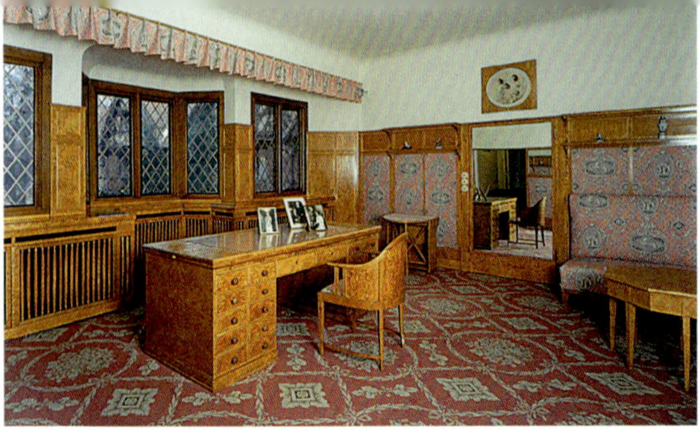

Garde-robe de la princesse

cesse Cécile lors de leurs fiançailles en 1904, pour l'autre les quatre fils du couple lors du baptême de leur frère, le prince Frédéric, en 1912.

Salle de bain de la princesse (pièce 15)

Dans cette salle de bain également dans la couleur préférée de la princesse, seuls les carreaux de céramique et le plan de toilette en marbre de Carrare sont d'origine. Tous les autres éléments de la décoration ont été remplacés du temps où le château était utilisé comme hôtel ouvert au public.

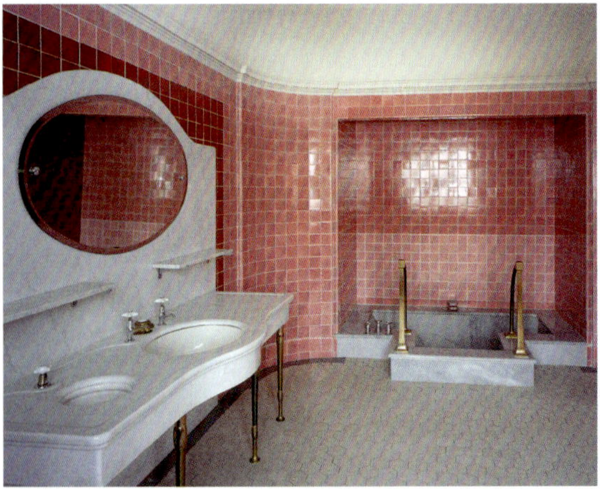

Salle de bain de la princesse

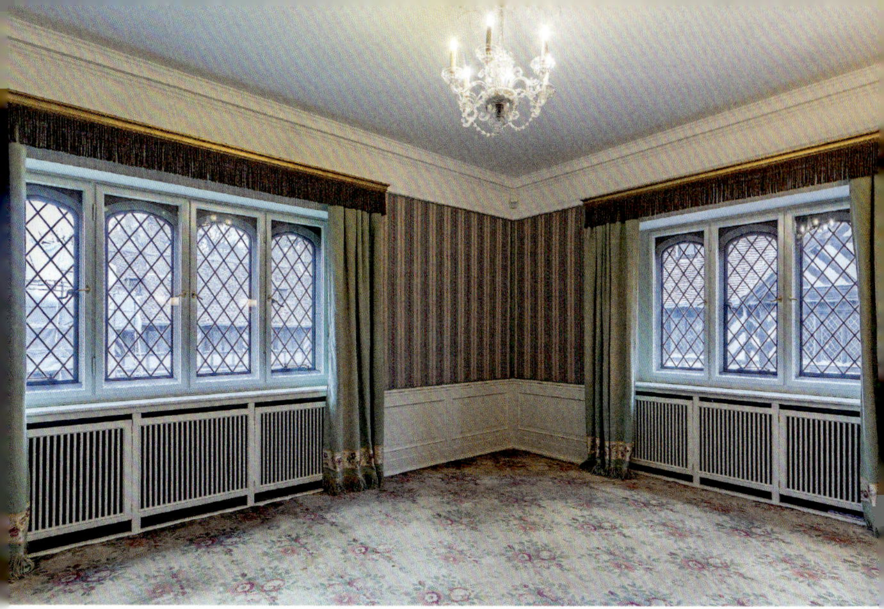

Salle de séjour des hôtes de marque

Appartement des hôtes de marque (pièces 16 à 19)

Cet appartement situé directement au-dessus de l'entrée principale se compose d'un séjour, d'une salle à manger, d'une chambre à coucher et d'une salle de bain. Tous les aménagements intérieurs ont été conçus par *Paul Ludwig Troost*. Parmi les hôtes de marque du kronprinz et de son épouse ayant résidé ici, on citera seulement la reine Alexandrine de Danemark, sœur de la princesse Cécile, qui séjourna ici à plusieurs reprises : en 1927 à l'occasion de la confirmation des princes Hubert et Frédéric, en 1934 pour la confirmation des princesses Alexandrine et Cécile, en 1936 durant les Jeux olympiques de Berlin et en 1938 lors des fiançailles du prince Louis-Ferdinand, second fils du kronprinz, et de la grande-duchesse Kira de Russie. La reine Alexandrine fit également halte à Cecilienhof en 1932 et 1937 alors qu'elle se rendait au festival Wagner de Bayreuth en compa-

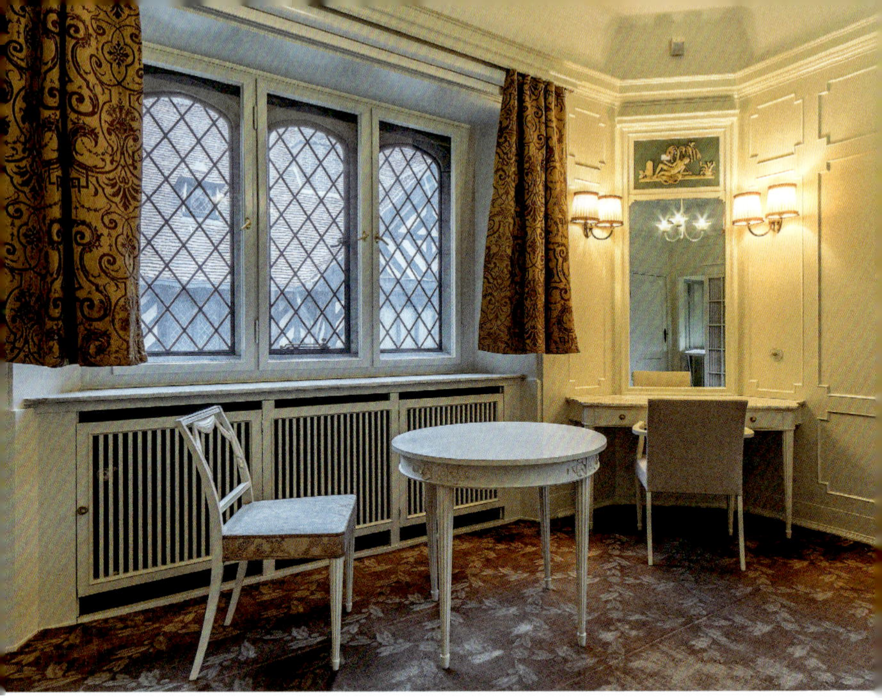

Chambre des hôtes de marque

gnie de sa sœur. Une photo montrant la princesse Cécile, fille du kronprinz, devant la cheminée du séjour, donne d'autre part à penser que la Fondation des châteaux de la maison Hohenzollern mit l'appartement à la disposition de la jeune femme lorsqu'il n'était pas occupé par des hôtes de marque.

Cette photo fut d'un grand secours pour la recomposition du mobilier d'origine dont il ne restait plus que quelques pièces, notamment une penderie intégrée au mur, une coiffeuse, deux chaises et une petite table se trouvant dans la chambre à coucher, ainsi que l'élégante cheminée en marbre et les appliques murales du séjour. Le tissu des murs et les rideaux des deux pièces principales, mis en sûreté en 1974, ont retrouvé leur place d'origine au terme d'importants travaux de restauration : après avoir été net-

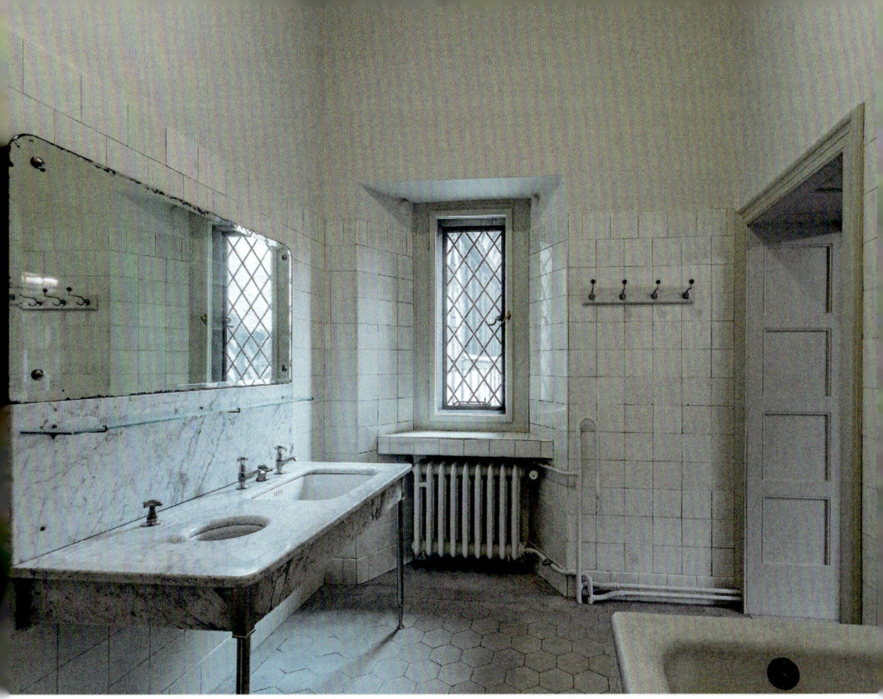

Salle de bain des hôtes de marque

toyées, les pièces les plus fragiles ont été doublées avec un tissu de renfort teinté de manière adéquate, tandis que les coutures étaient refaites. Quant au revêtement de sol, il a été rénové à la manière ancienne, de sorte que l'appartement a aujourd'hui retrouvé son aspect d'antan et illustre ainsi ce que pouvait être un intérieur de grande classe au début du XXe siècle.

La moquette de la chambre à coucher, très abîmée, a été partiellement découpée afin de permettre au public d'accéder à cette pièce dans le cadre des visites guidées, les autres espaces de l'appartement n'étant pour leur part visibles que du seuil. La salle de bain a été soigneusement nettoyée et les appareils sanitaires manquants remplacés par des pièces refaites à l'identique ou achetées chez des antiquaires.

Une livrée de domestique soigneusement restaurée se trouve dans une vitrine de la chambre de l'aide de camp et se complète par une photo prise lors d'un mariage le 2 mai 1938, ces deux objets offrant ainsi un aperçu de l'étiquette qui avait encore cours à cette date dans la famille du kronprinz. Le linoléum imitant le parquet — l'unique revêtement de sol de ce type ayant été conservé — est d'une esthétique qui reflète le goût architectural de l'époque. Divers panneaux présentent par ailleurs des photos des années 1930 ainsi que des dessins et des esquisses dus à Paul Ludwig Troost.

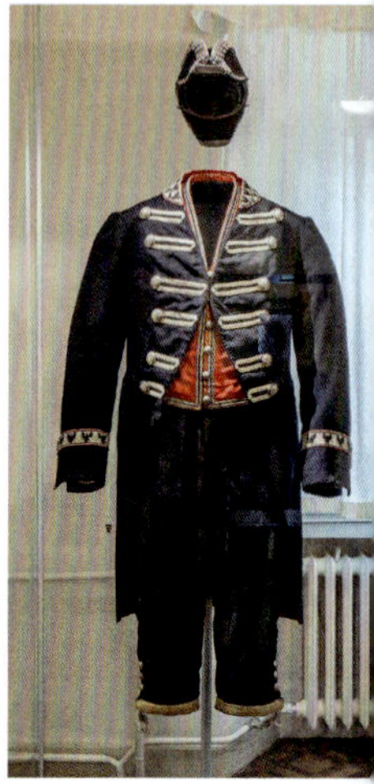

Livrée de domestique dans l'appartement des hôtes de marque

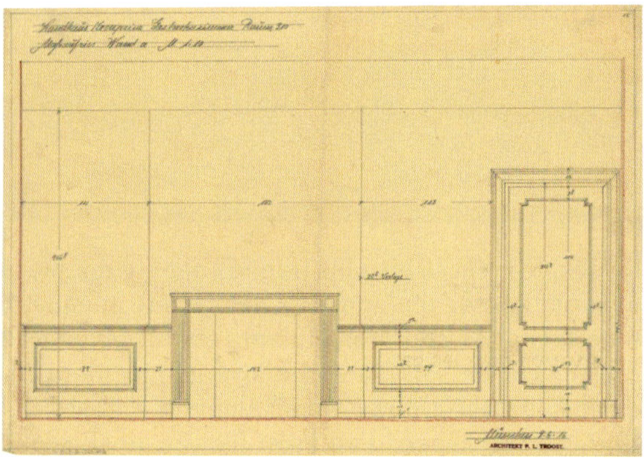

Salon invité, Mur de la cheminée, dessin à l'échelle, Paul Ludwig Troost, 2. Juni 1916

Château de Cecilienhof
Im Neuen Garten 11
14469 Potsdam
Tél. : +49 (0) 331 969 45 20
Fax : +49 (0) 331 969 45 30
Mail : neuer-garten@spsg.de

Adresse postale
Postfach 601462
14414 Potsdam, Allemagne

Accueil des visiteurs
Besucherzentrum an der Historischen Mühle
An der Orangerie 1
14469 Potsdam, Allemagne
Tél. : +49 (0) 331 969 42 00
Fax : +49 (0) 331 969 41 07
Mail : info@spsg.de
D'avril à octobre : 8h30–18h
De novembre à mars : 8h30–17h

Besucherzentrum am Neuen Palais
Am neuen Palais 3
14469 Potsdam, Allemagne
Mail : info@spsg.de
D'avril à octobre : 9h–18h
De novembre à mars : 10h–17h
Fermé le mardi

Réservation pour les groupes
Tél. : +49 (0) 331 969 42 00
Mail : gruppenservice@spsg.de

Jours d'ouverture au public
Le château de Cecilienhof est ouvert du mardi au dimanche. Pour les horaires et les tarifs, voir le site www.spsg.de.

N'hésitez pas à contacter l'accueil des visiteurs pour tout renseignement relatif aux tarifs pour les groupes, aux visites guidées et aux offres spéciales. Un audioguide en douze langues, fourni gracieusement avec le billet d'entrée, est disponible pour la visite des pièces utilisées lors de la conférence de Potsdam.

Deux autres bâtiments intéressants se trouvent à proximité de Cecilienhof, sur la colline de Pfingstberg : le Temple de Pomone construit en 1800 sur des plans de Schinkel et le Belvédère construit entre 1847 et 1863 à la demande de Frédéric-Guillaume IV sur des plans des architectes Persius, Hesse et Stüler. Du haut des tours du Belvédère, on découvre un panorama sur toute la ville de Potsdam.

Citons encore parmi les curiosités à visiter dans environs de Cecilienhof la Cité militaire n° 7 située dans les Nouveaux Jardins qui abrita le quartier général du KGB en Allemagne jusqu'en 1994, ainsi que le mémorial aménagé en 2007/2008 dans l'ancienne prison des services de contre-espionnage soviétiques, située à l'adresse Leistikowstrasse 1.

Transports en commun

À Berlin : prendre le S-Bahn S1 ou le train régional RE1 jusqu'à la station « Potsdam Hauptbahnhof »(gare centrale).

À la gare centrale de Potsdam : le week-end et les jours fériés, prendre le bus 603 jusqu'à l'arrêt « Schloss de Cecilienhof » ; en semaine, prendre n'importe quelle ligne de tram ou de bus jusqu'à l'arrêt « Platz der Einheit/West » puis le bus 603 jusqu'à l'arrêt « Schloss Cecilienhof ».

Accès handicapés

Les pièces du rez-de-chaussée qui accueillirent la conférence de Potsdam sont accessibles aux fauteuils roulants. Celles du premier étage (appartements princiers) ne le sont toutefois pas.

Un fauteuil roulant est disponible à l'accueil pour les visiteurs ayant des difficultés pour marcher.

Les toilettes sont accessibles aux handicapés.

Pour plus de renseignements, voir handicap@spsg.de

Boutiques du musée

Les boutiques de la Fondation des châteaux et jardins prussiens de Berlin-Brandebourg vous proposent toute une gamme de produits en rapport avec les anciens rois et reines de Prusse. Une partie des fonds récoltés sert à restaurer ou acquérir des œuvres d'art. Acheter ici signifie donc faire un don !

Ces boutiques sont à votre disposition à Berlin (château de Charlottenbourg) et Potsdam (château de Sans-Souci, anciennes cuisines de Sans-Souci, Nouveau Palais, château de Cecilienhof).

www.museumsshop-im-Château de

Restaurants

Café Cecilie dans la cour du château de Cecilienhof
(ouvert en été)
Tél. : +49 (0) 30 24 65 84 30
www.wohlthat-entertainment.de

Meierei Brauhaus dans les Nouveaux Jardins
(ouvert toute l'année)
Im Neuen Garten 10
Tél. : +49 (0) 331 704 32 11
www.meierei-potsdam.de

Office du tourisme de Potsdam
Tourist-Information der Stadt Potsdam
Humboldtstrasse 1–2 (place Alter Mark)
14467 Potsdam

Babelsberger Strasse 16 (Im Hauptbahnhof)
14473 Potsdam
Tél. : +49 (0) 331 275 58 899
Mail : info@potsdamtourismus.de
www.potsdamtourismus.de

Tourismus-Marketing Brandenburg GmbH (TMB)
Am Neuen Markt 1
14467 Potsdam
Tél. : +49 (0) 331 200 47 47
Mail : tmb@reiseland-brandenburg.de
www.reiseland-brandenburg.de

Protection des œuvres d'art exposées dans le parc
En 1990, l'UNESCO a inscrit les parcs et châteaux de Berlin et Potsdam au patrimoine mondial de l'humanité. Nous avons besoin de votre aide pour préserver ces œuvres d'art exceptionnelles présentées dans un environnement naturel sensible.

En adoptant un comportement responsable, vous contribuez à la protection du parc afin que vous et les autres visiteurs puissent apprécier ces lieux dans toute leur beauté. Le règlement intérieur édicté par la Fondation des châteaux et jardins prussiens de Berlin-Brandebourg précise les règles à observer pour la conservation de ce patrimoine. Nous vous remercions d'avance de les respecter et vous souhaitons un agréable séjour dans les parcs royaux prussiens.

Bibliographie
Robin Edmonds: Die Großen Drei, Berlin 1992
Hans-Joachim Giersberg, Manfred Görtemaker, Frank Bauer u.a.: Schloss Cecilienhof und die Potsdamer Konferenz 1945 – Von der Hohenzollernwohnung zur Gedenkstätte, Berlin – Kleinmachnow – Potsdam 1995
Michael Hassels: Der Kronprinz privat. Zur Wiederherstellung neuer Museumsräume im Schloss Cecilienhof. Museumsjournal Nr. 2, 10. Jahrgang, Berlin 1996
Heiner Timmermann (dir. éd.): Potsdam 1945: Konzept, Taktik, Irrtum?, Berlin 1997
Jörg Kirschstein: Kronprinzessin Cecilie – Eine Bildbiographie, Berlin 2004
Heike Müller, Harald Berndt: Schloss Cecilienhof und die Konferenz von Potsdam 1945, Potsdam 2006
Harald Berndt, Jörg Kirschstein: Schloss Cecilienhof – Tudorromantik und Weltpolitik, München – Berlin – London – New York 2008
Matthias Uhl: Die Teilung Deutschlands, Berlin – Brandenburg 2009

Photos et plans
Bildarchiv SPSG/Wolfgang Pfauder, Daniel Lindner, Roland Handrick, Hans Bach, Hagen Immel, Dr. Peter Michael Bauers; Bildagentur Ullstein Bild Berlin (p. 2 en bas); Bildagentur Preußischer Kulturbesitz, Berlin (p. 4 en bas); Sammlung Jörg Kirschstein, Potsdam (p. 6 et 9), Klaus Lehnart, Berlin (4e de couverture); Bildarchiv Harry S. Truman Library and Museum, Independence, USA (p. 15, 19, 21, 24/25, 26 et 29); Bildarchiv Imperial War Museum, London, UK (p. 13)
SPSG: Beate Laus; DKV: Birgit Gric (p. 11 et 18); BSB/Nachlass Troost (p. 48)

Editeur: Stiftung Preußische Schlösser und Gärten
Berlin-Brandenburg
Auteur: Harald Berndt (Château),
Matthias Simmich (Conférence de Potsdam)
Version française: Marcel Saché
Coordination éditoriale: Elvira Kühn
Relecture: Luzie Diekmann, DKV
Layout: Hendrik Bäßler, Berlin
Impression et reliure : DZA Druckerei zu Altenburg GmbH, Altenburg

Informations bibliographiques
La Deutsche Nationalbibliothek a répertorié cette publication dans la Deutsche Nationalbibliographie. Les données bibliograpiques détaillées peuvent être consultées sur Internet à l'adresse http://dnb.d-nb.de.

ISBN 978-3-422-98307-6

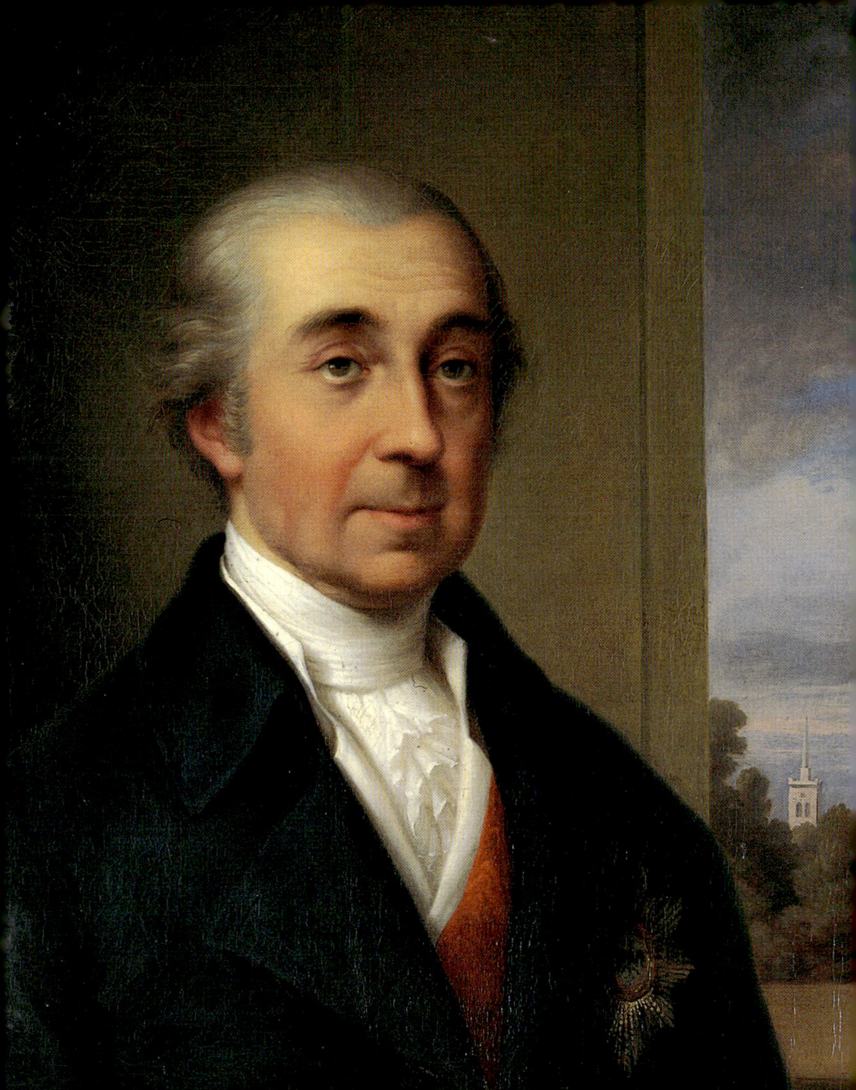

Fürst Leopold III. Friedrich
Franz von Anhalt-Dessau

Fürst Leopold III. Friedrich
Franz von Anhalt-Dessau
Aufklärerfürst, Schulverbesserer und Künstler auf dem Thron

von Erhard Hirsch

O trotz Schicksal: die herrlichen Überflüsse
unseres Daseins, in Parken übergeschäumt –

Rainer Maria Rilke, *Sonette an Orpheus*

Er schuf den »pädagogischen Garten vollendeter Harmonie«

Es nennt ihn kein derzeit gängiges Lexikon. Seinen militanten Großvater, den Haudegen *Leopold I.*, bekannter unter dem Namen des *Alten Dessauers*, findet man immer darin. Das hat nicht zuletzt auch seinen Grund darin, dass er schwierig als Lemma zu zitieren ist: Denn in der dynastischen Aufzählung seines Hauses Anhalt-Dessau rangiert er als *Leopold III. Friedrich Franz*; der letztere Name ist sein Rufname; mit ihm nannte ihn sein dankbares Völkchen *»Vater Franz«*. »Der Fürst von Dessau, dessen bloßer Name für den größten Lobspruch gilt«, schrieb einer der damals namhaftesten Dichter Deutschlands.

Doch der Hauptgrund des Verschweigens in den Lexika und in der Historiographie der Deutschen ist sein aufgeklärt bewusstes Engagement für Landesausbau und Kultur, vor allem aber für die Bildung des Volkes, was ihm von den Zeitgenossen den Beinamen des *»Friedensfürsten«* und *»Schulverbesserers«* einbrachte, von den preußisch-deutschen Historikern jedoch bei seiner Opposition gegen den angeblich so großen Preußenkönig das gänzliche Verdikt in ihrer Geschichtenschreibung. Dabei hat der begeisterte Winckelmann-Schüler als Praktiker die größte Bedeutung für das Werden der deutschen Klassik, denn in der Abkehr vom »französischen Geschmack« der Barock-Kultur und seiner »Tyrannei über die Teutschen« hat Franz tatsächlich *»eine neue Kultur geschaffen«*, wie der große Kunsthistoriker *Ludwig Grote* 1929 schrieb. Im gleichen Jahr äußerte einer der vielen »Wahldessauer«, der geniale Techniker und Pazifist *Hugo Junkers*, der es besser wusste als die Historiker und Lexikographen: *»Und hätte Anhalt nur den Fürsten*